Gabriele Haug-Schnabel

Sexualität ist kein Tabu

Vom behutsamen Umgang mit einem schwierigen Thema

Herder
Freiburg · Basel · Wien

Für Nikolas und Anouk und alle anderen Kinder
mit dem großen Wunsch,
daß sie in jedem Lebensalter die Liebe erleben,
nach der sie sich sehnen.

Gedruckt auf umweltfreundlichem,
chlorfrei gebleichtem Papier

Einbandgestaltung: Meike Hürster, Freiburg
Vignetten: Hans-Günther Döring, Hermannsburg

Satz: G. Scheydecker, Freiburg im Breisgau
Druck und Bindung: Freiburger Graphische Betriebe 1997
ISBN 3-451-23584-6

Inhalt

Vorwort

Ein Buch zur Sexualerziehung. Was kann damit gemeint sein? Unter Sexualerziehung wird heute weit mehr verstanden als noch vor wenigen Jahren. Während es früher vor allem um Information, um Wissensvermittlung über den eigenen Körper und den des anderen Geschlechts und zu guter letzt um den Ablauf körperlicher Liebe – aber nur so weit wie wirklich nötig – ging, wird Sexualerziehung heute wesentlich erweitert gesehen, nämlich unabtrennbar von der Persönlichkeitsbildung. Aspekte der emotionalen und der sozialen Erziehung gehören dazu, was gar nicht verwundert, da Sexualerziehung auch als wichtige Vorbereitung auf eine Liebespartnerschaft erkannt wurde.

Sexualerziehung beginnt im kleinen, indem sie mithilft, Schritt für Schritt ein gutes Körpergefühl und Respekt vor dem eigenen Körper aufzubauen, so daß er liebens- und schützenswert erscheint. Sie kann zu guten Gefühlen als Junge oder als Mädchen verhelfen, und sie läßt aus Individuen Partner werden, die sich dazugehörig und sozialkompetent fühlen und verhalten. Ist Sexualerziehung kindgemäß und erfolgreich, so stärkt sie das Selbstbewußtsein und trägt dadurch zur Stabilität der Persönlichkeit bei.

Kindgemäß und erfolgreich ist Sexualerziehung dann, wenn sie in beiden Lebenswelten der 3- bis 6jährigen weitgehend übereinstimmend abläuft, zu Hause und im Kindergarten. Ihr umfassendes Verständnis und ihre daraus sich ergebende Handhabung im Kindergartenalltag sollte bereits beim informierenden Startgespräch mit den Eltern transparent gemacht werden. Die in groben Zügen gemeinsam abgesprochene Zielrichtung erleichtert den ErzieherInnen das Arbeiten, dem Kind ermöglichen die

Übereinstimmungen im Erleben wichtiger Bezugspersonen eine problemlosere Beschäftigung mit diesen immer spannenden und immer neuen Themen.
Die Arbeit mit den Eltern ist zu diesem Erziehungsbereich nicht immer leicht, allein schon wegen des sicher höchst unterschiedlichen thematischen Vorverständnisses. Die Anregungen für diese Elternarbeit, die jedem Kapitel beigefügt sind, sollen helfen, mit jeweils unterschiedlichen Zugängen, die Eltern anzusprechen und zum Nachdenken sowie zum Mitarbeiten (direkt im Kindergarten oder parallel zu Hause) zu motivieren.

1. Warum denn überhaupt Sexualerziehung? Viel mehr als nur Information über die körperliche Liebe zwischen den Geschlechtern

Wenn man ErzieherInnen berichtet, daß man über das Thema Sexualerziehung im Kindergarten gearbeitet hat und nun ein Buch darüber schreiben möchte – so wie ich es getan habe –, kann man die unterschiedlichsten Reaktionen bekommen – so wie ich sie bekommen habe.

Versucht man diese Antworten auf einer Plus-Minus-Skala anzuordnen, von positiven Stellungnahmen auf der einen bis negativen Äußerungen auf der anderen Seite reichend, hören sich die Aussagen, nach den wichtigsten Schwerpunkten zusammengefaßt, folgendermaßen an:

- „Sexualerziehung für dieses Alter! Auf ein Buch hierüber habe ich ja schon lange gewartet! Daß sich endlich jemand an dieses wichtige Thema heranwagt! Ich finde, das wurde langsam aber wirklich Zeit."
- „Wie kann ich im Kindergarten Sexualität ansprechen, ich meine damit, bei welcher Gelegenheit und in welchem Zusammenhang? Hier muß man mir auf die Sprünge helfen. Hoffentlich finde ich Anregungen für die Arbeit mit den Kindern. Tips für die Praxis, für meinen Alltag, das wäre mir das Wichtigste. Das würde ich als eine echte Hilfe empfinden!"
- „Da bin ich aber mal gespannt, ob mich das überzeugen wird. Falls meine Skepsis tatsächlich überwunden werden kann, bin ich gerne bereit, mich dafür einzusetzen, denn der Glücksfall, daß immer ein Kind aus der Gruppe gerade ein Geschwisterchen

bekommt, was für mich bislang der einzig denkbare Aufhänger für das Thema war, der kommt einfach viel zu selten vor."

- „Ah, ja? So! Mal sehn. Bis jetzt kann ich es mir noch nicht vorstellen, zumindest nicht für meinen Kindergarten."
- „Lohnt sich das überhaupt? Das ist doch höchstens ein Randthema, falls eine Erzieherin schwanger wird und in Erklärungsnöte kommt."
- „Muß das sein? Das hätte mir gerade noch zu meinem Glück gefehlt. Zur Bezugsperson soll ich werden, Medienerziehung soll ich bringen, tägliches Wahrnehmungstraining, kognitive und emotionale Intelligenz einüben und jetzt auch noch Sexualerziehung pauken. Einige meiner Kolleginnen werden sicher wieder begeistert einsteigen, aber langsam sollten wir uns fragen, was bleibt denn noch an Themen für Zuhause und für später, wenn die Kinder wirklich weiter sind. Einstein trifft Marilyn Monroe im Stuhlkreis; das führt mir zu weit!"
- „Man kann seine pädagogischen Ansprüche auch übertreiben. Und vor allem pädagogische Notwendigkeiten überschätzen. Ist Sexualität ein Lernthema? Ein Kursus in Sachen Sexualität, das kann nur schlechter ankommen, als wenn ich gar nichts mache. Da laß ich gerne meine Finger davon, nicht nur, weil dieses Thema in der ganzen Ausbildung nicht vorkam. Mir fällt da immer die Aufklärung in der Schule ein. Das war bei weitem das Peinlichste, an das ich mich erinnere. Nein, danke, ohne mich."

Und wie stehen Sie zum Thema „Sexualerziehung im Kindergarten"?

Bevor Sie diese Frage für sich endgültig beantworten und das Thema innerlich abhaken, lesen Sie doch einfach weiter, ob es mir gelingen wird,

- Ihren Wünschen nach Information über kindliche Sexualität und Anregung für themenzentrierte und dennoch kindgemäße Aufhänger im Kindergarten nachzukommen,
- zu zeigen, daß Sexualität ein altersunabhängiges Phänomen ist, vorausgesetzt, man betrachtet die für jedes Alter typische Form von Körperlichkeit und Geschlechtlichkeit. Kinder sind kleine Menschen mit ernstzunehmenden Gefühlen, einem Körper, in dem sie sich wohlfühlen, mit dem sie zurechtkommen sollen, der gepflegt und geschützt werden muß, um als liebens- und schützenswert erfahren zu werden,
- Ihre Zweifel zu zerstreuen, ob es sich auch beim Thema Sexualität um ein Thema handelt, über das Sie mit den Kindern arbeiten möchten und dessen spannende Herausforderung Sie bereit sind anzunehmen,
- durch Argumente und Beispiele zu überzeugen und so anfängliche Berührungsängste zu nehmen, um mit Offenheit und eigener Neugierde neue Erfahrungen in einem lohnenswerten Bereich zu sammeln,
- ebenso, ob es mir gelingen wird, mich vor allem auch immer wieder erneut der Diskussion zu stellen, ob es richtig ist, die enge Sichtweise – reduziert auf das Sexualverhalten Erwachsener – aufzugeben und bewußt, aber behutsam mit dem Tabu der kindlichen Sexualität zu brechen
- und, ob es mir schließlich auch gelingen wird, die Notwendigkeit, ja, pädagogische Verantwortung dieser speziellen Aufgabe zu betonen, in der eine große Chance für die Kindergartenzeit (und keine erneute Zumutung für die ErzieherInnen!) liegt, nämlich einen wesentlichen Teil der Persönlichkeitsentwicklung und Identitätsfindung in den frühen Lebensjahren zu ermöglichen, zu stärken und zu schützen.

Was bedeutet denn überhaupt Sexualerziehung?

Auf alle Fälle viel mehr als nur „Aufklärung", also viel mehr als die Wissensvermittlung über das unterschiedliche Aussehen von Mann und Frau sowie über deren körperliche Liebe als Voraussetzung für die Entstehung eines neuen Menschenkindes. Sicher hat Sexualerziehung auch etwas mit der Herkunft von Jungen und Mädchen zu tun, doch ist das nicht das einzig Spannende, was es – vor allem Kindern – mit Worten und auf anderen Wegen zu vermitteln gilt.
Doch ist der Informationsaspekt meist der erstgenannte, da er zentral das umfaßt, was wir schon immer unter Sexualerziehung verstanden haben. Soweit scheint die Sache auch recht problemlos und vielerorts einsichtig. Und schnell ist auch eine Möglichkeit zur pädagogischen Umsetzung zur Hand, die Zustimmung findet:
Für die Großen im Kindergarten wird, kurz vor Abgang in die Schule, ein Nachmittag unter diesem Thema reserviert. Eine abgeschlossene, gut vorbereitete Lerneinheit, die, einmal ausgearbeitet, von Kindergarten zu Kindergarten weitergegeben wird wie der bereits sturmerprobte Bauplan eines Herbstdrachens oder das garantiert nicht die Form aufgebende Osterlämmchen-Rezept. So, und damit ist dann dieser heiklen Sache aber auch Genüge getan. Vorsicht, es ist und bleibt ein heißes Eisen – mal abwarten, wie es so ankommt!

So ist der Sache auf keinen Fall gedient. Sexualerziehung ist nichts auf die Schnelle, kein Kompaktkurs, der notgedrungen auch einmal auf dem Programm zu stehen hat, ab einem bestimmten Alter jederzeit dazwischen geschoben werden kann.
Läuft sie so ab, braucht sich niemand zu wundern, wenn nach einem derartigen Procedere am nächsten

Morgen lächelnde, erstaunte, entrustete, aufgelöste oder gar mit dem Träger – wenn nicht sogar Schlimmerem drohende – Mütter im Kindergarten erscheinen. Deren Söhne oder Töchter kamen nämlich vielleicht am gestrigen Nachmittag nach Hause und antworteten auf die Frage: „Na, wie war es denn heute? Was habt ihr denn gemacht?“ nicht wie gewohnt: „Wie immer! Nichts Besonderes!“, sondern: „Ach, heute war es echt geil! Wir haben gelernt, daß Männer einen Penis und Frauen eine Scheide haben. Und daß beide es gut finden, wenn der Mann seinen Penis in die Scheide der Frau steckt, und es dann sein kann, daß nach 9 Monaten ein Kind geboren wird. Klar, am dicken Bauch sieht man es schon vorher, ob es ein Junge oder Mädchen wird, bleibt aber bis zum Schluß voll spannend!“
Allen Mut zusammennehmen und erklären, „wie es geht“, das ist noch lange keine Sexualerziehung, vor allem keine die kindliche Entwicklung begleitende Sexualerziehung.

Aber was bedeutet dann Sexualerziehung?

Viel mehr! Es lohnt sich, den Begriff Sexualität hierzu neu zu überdenken. Weil Sexualität weit mehr ist, als die körperliche Vereinigung von Mann und Frau, und somit auch die Sexualerziehung weiter gehen muß, als nur möglichst salonfähige Bezeichnungen für eben dieses Geschehen und die daran beteiligten Organe zu finden.

Beginnen wir doch die Antwort der Einfachheit halber mit dem uns vertrauten Informationsaspekt, der sogenannten Aufklärung.

Sexualerziehung soll Wissen vermitteln, um Mißverständnissen, Unsicherheiten und auch kindlichen

Ängsten vorzubeugen, die durch Halbwissen und Wissenslücken, in Windeseile angefüllt mit kindlicher Phantasie, entstehen können.
„Ist mein Pimmelchen vielleicht mal abgegangen, als wir nicht aufgepaßt haben?" „Tut der Mann der Frau weh, weil sie so komisch macht und mit den Augen rollt?" „Kann die Mama, wenn sie ins Krankenhaus geht, um mein Geschwisterchen abzuholen, zwischen verschiedenen Babys wählen?"
Wissen ist auch nötig, um Verletzungen durch Spott zu verhindern, da die Aussagen aus „unwissendem" Kindermund nur in den Ohren Erwachsener putzig klingen und sich zum anekdotenhaften Weitererzählen eignen, unter unterschiedlich „gebildeten" Kindern jedoch Anlaß für langanhaltendes Auslachen sein und zu erniedrigenden Hänseleien führen können.

Sexualerziehung hat aber noch ganz andere Ziele. Wichtige Aufgaben, die uns bei der Nennung des Wortes vielleicht nicht sofort einfallen und die deshalb in diesem Buch besonders erwähnt werden sollen.

Wir vergessen oft, daß die Sexualentwicklung ein Teil der Persönlichkeitsentwicklung ist.

Somit gehört Sexualerziehung zur Persönlichkeitsbildung.

Schon allein deshalb darf sie nicht als isolierte Lerneinheit irgendwann zwischen 5 und 10 Jahren für wenige Stunden aus dem Nichts auftauchen, sondern sollte als eine die kindliche Entwicklung und das menschliche Miteinander begleitende alltägliche Erfahrung erlebt werden.

Hierzu gehört es, dabei unterstützt zu werden, ein gutes Körpergefühl zu entwickeln und ein stabiles Selbstbild aufzubauen. Dies geschieht, indem man Vertrauen in die eigenen Gefühle gewinnt, mit seinem Körper und seinem Geschlecht zurechtzukommen lernt, und im Laufe der Zeit auch immer mehr die Fähigkeiten verbessert, die nötig sind, um mit anderen Menschen, verschiedenen Alters, für alle Seiten möglichst befriedigend zusammenzuleben.

Sexualerziehung so gesehen, bringt bereits in der Gegenwart Gewinn: die Erziehung zu einer selbstbewußten Persönlichkeit mit positiver Geschlechtsidentifikation.

So verstanden, wird sie aber auch zur Zukunftsinvestition.

Sexualerziehung kann auf eine Liebespartnerschaft vorbereiten.

Auf eine Liebespartnerschaft zwischen selbstbewußten, einfühlsamen, verantwortungsbewußten, einander zugewandten, aber dennoch nicht voneinander abhängigen Menschen. Für die erfolgreiche Vorbereitung dieses Ziels sind viele mit den jeweils entsprechenden positiven Erfahrungen angefüllte Entwicklungsstufen in den Jahren lange *vor dem Beginn sexueller Beziehungen* nötig. Vielfältige Erfahrungen, die in der Säuglingszeit zuerst ausschließlich in Interaktionen mit den vertrauten Bindungspersonen und dann mit den Geschwistern gesammelt werden. Aktionen anderer und deren Reaktionen auf eigenes Handeln gehören dazu. Während der Kindheit erweitert sich der Kreis der Bezugspersonen, ebenso werden die Gleichaltrigen immer vertrauter und zunehmend wichtiger, und all diese Sozialisationspartner beeinflussen das individuelle Erleben und Befinden.

Sexualerziehung beginnt also – lange vor dem Zeitpunkt ausgelebter Sexualität – ganz zu Anfang mit dem Gefühl, als Neugeborenes angenommen und geliebt zu werden. In den Kindheitsjahren hat Sexualerziehung viel mit Bindungs- und Akzeptanzerfahrung zu tun, mit Hautkontakt und Geborgenheit, mit Respekt vor dem kindlichen Körper, vor kindlichen Gefühlen und kindlicher Persönlichkeit. Die Bejahung des eigenen Körpers und der damit verbundenen Gefühle, aber auch das Erlebnis, seinen Körper schützens- und liebenswert zu erfahren, beginnt in dieser Zeit.

Bereits in der Kindheit wird man, zuerst in der Familie und dann im Kindergarten, im Kreis der Gleichaltrigen, mit den Vor- und Nachteilen eines sozialen Wesens, mit den Grundregeln einer Partnerschaft vertraut. Nicht allein zu sein, Vertrautheit und Gemeinsamkeit zu erleben, ist überwiegend genußvoll, auch wenn automatisch die Notwendigkeit, Rücksicht zu nehmen und zeitweilig die eigenen Wünsche hintan zu stellen oder einzuschränken, damit einhergeht.

Vielleicht empfindet man auch gerade als Kind, also als direkt „Betroffener“ oder „Betroffene“, besonders deutlich, was es bedeutet, wenn Eltern Verantwortung für ihr Kind tragen, und welch ein Glück es ist, ein geliebtes Kind zu sein. Wäre dem so, so könnte eine derart verstandene und gelebte Sexualerziehung vielleicht sogar eine Vorbereitung auf eine bewußte, verantwortungsvolle Elternschaft sein.

Anregungen für die Arbeit mit den Eltern

Sexualerziehung im Kindergarten ohne die Vorbereitung, die Information, das Einverständnis und die Einbeziehung der Eltern geht nicht.

Die Eltern müssen auf dieses Thema vorbereitet werden.

Sie rechnen nämlich nicht damit, daß dies ein Thema im Kindergarten sein könnte. Die Notwendigkeit der Sexualerziehung leuchtet nicht auf Anhieb ein. Das haben Sie selbst auf den letzten Seiten deutlich gemerkt. Der erste Eindruck, wenn der Begriff gefallen ist, reicht zumeist nicht aus, um zu verstehen, was alles hinter diesem Wort steckt. Die Aufklärung ist nur ein kleiner Aspekt mitten im Sexualerziehungsverlauf, doch ist sie erstmal die nächstliegende, zumeist jedoch die einzige Assoziation, die von den Eltern gebildet werden wird.
Über die Tatsache, daß Sie die Aufgabe übernehmen wollen, über die körperliche Liebe zwischen Mann und Frau mit den Kindern zu sprechen, darüber werden viele Eltern froh sein. Oft hatten sie nämlich etwas Bammel davor, wie all diese Dinge kindgemäß anzusprechen sind; mit entsprechenden Fragen mußten sie ja inzwischen rechnen.

Um Mißverständnissen vorzubeugen, müssen die Eltern informiert werden, wie alles ablaufen soll.

Eltern werden bereits über die Tatsache, daß dieses Thema nicht in einer halben Woche abgehandelt werden kann, sondern die gesamte Kindergartenzeit „mitläuft", überrascht sein. Und noch mehr über die Tatsache, wieviele Aspekte zu verschiedensten Zeiten angesprochen oder „angespielt" werden können.
Alles, was:

- einem guten Körpergefühl dient,
- das Selbstbewußtsein hebt und stärkt,
- zur Stabilität der Persönlichkeit beiträgt,
- sich selbst als Mädchen oder Junge akzeptieren hilft,
- körperliches Wohlbefinden fühlen läßt,
- Dazugehörigkeitsgefühl beim einzelnen Kind und Zusammengehörigkeitsgefühle in der Gruppe auslöst,
- Akzeptanz, Verständnis und Einfühlungsvermögen erleben läßt,
- dazu beiträgt, daß Wünsche beachtet und erfüllt werden,
- und Respekt am eigenen Leib (auch wortwörtlich gemeint!) erfahren wird,
- – nicht zu vergessen – sexuellen Mißbrauch zu verhindern hilft,

all das dient der kindlichen Sexualentwicklung und gehört somit zur Sexualerziehung, die mit sich und dem eigenen Körper vertraut machen und auf eine Liebespartnerschaft vorbereiten soll.

Und wie läßt sich das alles nun in wenigen Sätzen präsentieren, immer mit dem Ziel, die Bedeutung der Sexualerziehung hervorzuheben?

❑ Sie können z. B. einen Elternabend zum Thema organisieren und selbst die Zusammenhänge vorstellen;
❑ oder einen Fachmann oder eine Fachfrau einladen, sprechen und Fragen beantworten lassen;

❑ eine kleine Hauszeitung zu Ihrer Idee und Ihren Plänen herausgeben. Eine Mischung aus fachlicher Information und Beispielen für themenbezogene Kindergartentage bieten sich an.
Was halten Sie von einem Informationsanschlag am Schwarzen Brett? Vielleicht so?

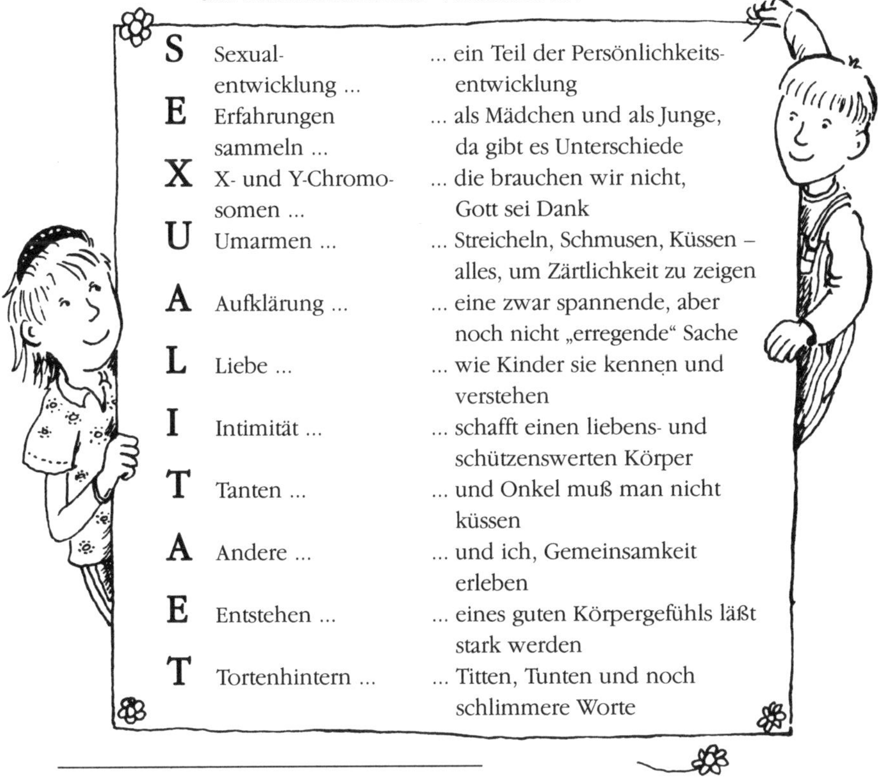

S	Sexualentwicklung ...	... ein Teil der Persönlichkeitsentwicklung
E	Erfahrungen sammeln ...	... als Mädchen und als Junge, da gibt es Unterschiede
X	X- und Y-Chromosomen ...	... die brauchen wir nicht, Gott sei Dank
U	Umarmen ...	... Streicheln, Schmusen, Küssen – alles, um Zärtlichkeit zu zeigen
A	Aufklärung ...	... eine zwar spannende, aber noch nicht „erregende" Sache
L	Liebe ...	... wie Kinder sie kennen und verstehen
I	Intimität ...	... schafft einen liebens- und schützenswerten Körper
T	Tanten ...	... und Onkel muß man nicht küssen
A	Andere ...	... und ich, Gemeinsamkeit erleben
E	Entstehen ...	... eines guten Körpergefühls läßt stark werden
T	Tortenhintern ...	... Titten, Tunten und noch schlimmere Worte

Das Einverständnis der Eltern erleichtert die Arbeit.

Spätestens jetzt haben Sie die Eltern aufmerksam gemacht. Die Eltern, die mit dem Kindergartengeschehen mitgehen, ihr Kind begleiten, mitarbeiten

und so auch Einfluß nehmen wollen, können Sie nun ansprechen, Fragen stellen, Ideen einbringen, aber vielleicht auch Bedenken äußern oder sogar eigene Ängste verbalisieren.
Genau an dieser Stelle möchte ich Ihnen mit diesem Buch helfen, damit Sie Fragen beantworten, Ideen prüfen, Bedenken und Ängste zerstreuen können oder akzeptieren müssen. Vielen ErzieherInnen ist das Einverständnis der Eltern wichtig, da sie sich – mit Sicherheit richtig – durch deren Unterstützung größere pädagogische Erfolge versprechen. An den elterlichen Vorstellungen vorbei zu erziehen, ist im Kindergartenalter immer schwierig, im Falle der Sexualerziehung wird es automatisch kontraproduktiv.

Die Einbeziehung der Eltern gewährleistet ein Zusammenarbeiten der für das Kind so wichtigen Lebensumwelten.

Denn: Sexualerziehung findet *auch* im Kindergarten statt, an erster Stelle jedoch zu Hause. Liegen zwischen den Einstellungen beider Bezugsorte Welten, die sich vor allem im Umgang mit dem Kind und mit seinem Körper als unvereinbar erweisen, so muß nach einer Lösung nach dem Motto „der kleinste gemeinsame Nenner" gesucht werden, um das Kind möglichst wenig in Konflikte zu stürzen. Die vielen individuellen Möglichkeiten, auf ein Kind, auf seine Gefühlsäußerungen, seine Bedürfnisse und seinen Körper zu reagieren, lassen jedoch bei gegenseitiger Information und Gesprächsbereitschaft für das Kind äußerst angenehme und stärkende Übereinstimmungen im Erleben entstehen.

2. Und warum Sexualerziehung im Kindergartenalter? Kann es zu früh dafür sein?

Sexualerziehung – richtig verstanden – ist etwas Wichtiges. Die Körperlichkeit eines Kindes zu erkennen und deren Entwicklung liebevoll und mit Respekt zu begleiten, das gehört zu unseren verantwortungsvollen Erziehungsaufgaben. Darüber sind wir uns inzwischen einig.

Doch sofort stehen wir vor einer neuen Frage. Wann sollte diese Sexualerziehung beginnen? Gibt es ein besonders günstiges Alter hierfür? Und kann es womöglich zu früh sein?

Fragt man die Mutter oder den Vater eines erst wenige Monate alten Säuglings, ob und wie sie mit der Sexualerziehung dieses Kindes begonnen hätten oder ab wann sie denn vorhätten, damit zu starten, ist die erste Reaktion – wenn man Glück hat oder die angesprochenen Eltern bereits verrückte Fragen von einem gewohnt sind – ein erstauntes Gesicht. Dann folgt ganz schnell die nachgeschobene Erklärung, daß das wohl doch noch zu früh und auch wahrscheinlich noch völlig unnötig sei und daß sie dann, wenn das Kind etwa vier oder fünf Jahre alt wäre, anfangen würden, sich über dieses Thema Gedanken zu machen. So richtig dringend würde die Sache doch wohl erst mit Beginn der Pubertät werden.
Sexualerziehung steht also erst zu einem späteren Zeitpunkt auf dem Programm, ziemlich weit weg von der Geburt, ein erster Anfang ist vielleicht für das Ende der Kindergartenzeit geplant.

Und was meinen Sie?

Schon direkt nach der Geburt beginnen die Eltern eines Kindes mit seiner Sexualerziehung, ohne sich dessen überhaupt bewußt zu sein, weil wohl kaum jemand sich Gedanken darüber machen wird, daß diese Pflegemaßnahmen und Liebkosungen, die noch viele andere angenehme und entwicklungsfördernde Auswirkungen haben, auch in diesen „Erziehungsbereich" fallen. Doch schon jetzt können vielfältige Handlungen die Körperlichkeit des Kindes fördern, sein Wohlbefinden vermehren und ihm helfen, ein gutes Gefühl für seinen Körper zu bekommen.

Zwei Beispiele, beide aus der Zeit des Lebensanfangs, sollen uns helfen, diese Zusammenhänge besser zu verstehen:

- Wenige Sekunden nach der Geburt berühren überall auf der Welt Mütter und genauso Väter, wenn sie bei der Geburt dabei waren, zur zärtlichen Begrüßung ihr neugeborenes Kind zuerst ganz vorsichtig mit den Fingerkuppen. Dann legen sie ihre ganze Handfläche auf seinen Kopf, auf das Bäuchlein, einen Arm oder ein Beinchen des Kindes und erst danach trauen sie sich, das kleine Wesen mit einer oder beiden Händen zu streicheln. Das Kind beginnt, sich zu beruhigen und umherzuschauen. Schrittweise über eine immer intensiver werdende Berührung bauen die Eltern ihren Kontakt zum Kind auf; sie nehmen es an, indem sie beginnen, es zu „begreifen". Neben dem Hautkontakt gehören Blick und Sprache natürlich auch dazu und tragen ihren Teil zum Kontaktaufbau bei. So nebenbei bemerkt, findet man genau denselben Berührungsablauf, bei dem sich die gegenseitige Nähe langsam steigert: Zuerst berühren nur die Fingerkuppen, dann die ganze Hand und schließlich wird gestreichelt, in identischer Form beim ersten zärtlichen körperlichen Kontakt zwischen zwei verliebten Jugendlichen oder Erwachsenen wieder. Berührung und Berührtwerden signalisieren uns in jedem Alter Nähe und sind mit beidseitigem Wohlbefinden verbunden. Ob Sender oder Empfänger, beide an dieser Interaktion beteiligten Personen haben etwas davon.

● Berührung tut also gut, die Wirkung ist sogar physiologisch meßbar, sozusagen an Zahlenwerten festzumachen. So konnte auf Intensivstationen nachgewiesen werden, daß zu früh geborene Babys bei gleicher, über eine Magensonde eingeführte Nahrungsmenge deutlich schneller an Gewicht zunehmen, wenn sie täglich massiert und gestreichelt werden, als wenn dies nicht der Fall ist. An verschiedenen Körperstellen vermittelt der Berührungssinn Anwesenheitssignale, die als Art psychische Verdauungshilfe zu verstehen sind, da mit deren Hilfe die biologische Nahrung erst in vollem Umfang vom Organismus des Babys als Energie verwertet werden kann.

Sexualerziehung beginnt also genaugenommen bereits direkt nach der Geburt. Körperliche Nähe und Hautkontakt zwischen Säugling und Eltern sind für das seelische und körperliche Wohlbefinden eines Kindes ausschlaggebend. Und sie sind erste wesentliche Erfahrungen in diesem für die kindliche Körperlichkeit und spätere Sexualität so wichtigen Bereich. Bleibt einem Kind eine warme, enge Eltern-Kind-Bindung mit Hautkontakt und körperlicher Zärtlichkeit in der frühen Kindheit versagt, kann es später Schwierigkeiten haben, intime zwischenmenschliche Beziehungen einzugehen oder sich mit seiner Sexualität zurechtzufinden, sie nicht nur zu akzeptieren, sondern auch als befriedigenden und bereichernden Bestandteil seines Lebens kennenzulernen.

Sexualerziehung im Kindergarten bedeutet also keineswegs einen Neuanfang, ist also nicht vergleichbar mit der Situation, wenn in einer höheren Klassenstufe plötzlich ein neues Fach hinzukommt. Es wird auf die Erfahrungen aufgebaut, die bislang in der Familie, vielleicht auch in anderen Betreuungseinrichtungen (Krippe, Tagesmutter) gemacht worden sind. In den Jahren 3 bis 6 erhält jetzt, neben der Familie, der Kindergarten schwerpunktmäßig seine Chance, Wichtiges zum Körperempfinden zu vermitteln.

In dieser Zeit starten oder zeigen sich plötzlich deutlicher als zuvor entwicklungsgeschichtlich so spannende Dinge (auf die wir übrigens alle noch detailliert zu sprechen kommen werden), wie z. B.:

❑ die Neugierde über den eigenen Körperbau und über den anderer großer und kleiner Menschen,

❑ die Vorstellungen über die eigene Erscheinung, die ein individuelles Körpergefühl entstehen lassen,

❑ die zunehmende Fähigkeit, mit seinen Gefühlen und denen der anderen zurechtzukommen,

- das Verständnis für die Zusammenhänge, daß aus einem Mädchen eine Frau und aus einem Jungen ein Mann wird,
- und – ganz wichtig – sich „in seiner Haut“ als Individuum, aber auch als Mädchen oder Junge wohlzufühlen,
- nun auch die Scham und der Wunsch nach Intimität,
- das Interesse an Informationen über körperliche Liebe,
- die plötzlich verspürte außergewöhnliche, aber keineswegs schon sexuelle Attraktivität eines bestimmten Mädchens oder eines bestimmten Jungens,
- das Bemerken von Zeichen des Verliebtseins bei sich und anderen Menschen,
- die Explorationsfreude beim provokanten Einsatz und der aufmerksam verfolgten Wirkung bestimmter Worte auf die soziale Umgebung.

Das Kindergartenalter ist also eine äußerst spannende Zeit in der vorpubertären Sexualentwicklung.

Anregungen für die Arbeit mit den Eltern

Jetzt können Sie den Eltern auf ihre Fragen: „Warum Sexualerziehung im Kindergartenalter?“ und „Kann es zu früh dafür sein?“ antworten.
Weil im Kindergartenalter wichtige Entwicklungsabschnitte zur kindlichen Körperlichkeit anstehen, die altersgemäß und unterstützend begleitet werden sollten. *Zu früh* kann unser Thema im Kindergarten gar nicht starten, da es sich ja nur um die Fortsetzung bereits in den ersten Jahren gemachter Erfahrungen handelt. Sexualerziehung in der Kindheit legt die

Grundlagen einer allgemeinen Sinnlichkeit, einer Lust- und Bindungsfähigkeit.

Die Angst vor einem „zu früh" bezieht sich übrigens immer allein auf die Aufklärung. Gemeint ist damit die Sorge, Zusammenhänge körperlicher Liebe zu einem Zeitpunkt anzusprechen, an dem das Kind noch zu klein für Einzelheiten z. B. des Geschlechtsverkehrs sein könnte, und das Gehörte es ängstigen, verwirren oder ekeln könnte. Ein Problem, für das wir in Kapitel 9 (S. 91 ff) eine Lösung finden werden.

Vor allem können Sie die Eltern, die sich so um den fünften Geburtstag ihres Kindes herum Gedanken zum Thema Sexualerziehung machen wollten, sich vielleicht sogar vorgenommen hatten, sich speziell darauf vorzubereiten, um notfalls gewappnet zu sein, wenn die ersten heiklen Fragen von seiten des Kindes auftauchen, diese Eltern können sie entspannen, indem Sie ihnen vor Augen führen,

- daß sie mit der Sexualerziehung – ob es ihnen nun bewußt war oder nicht – wie mit jeder sozialen Erziehung schon bereits in den ersten Lebenstagen begonnen haben, völlig normal und richtig, da sie nun einmal mitten in das menschliche Sozialverhalten eingebettet ist;
- daß die Sexualerziehung von Anfang an, wie alle anderen Erziehungsschwerpunkte, eine ständig wichtige Rolle im täglichen Leben spielte;
- ebenso daß Sexualerziehung, sobald sie aus ihrer künstlichen Isolation herauskommt und an die Entwicklung des Kindes angepaßt abläuft, keine zu fürchtende und deshalb möglichst lange hinauszuschiebende dubiose Angelegenheit darstellt, sondern eher einen für Eltern und Erzieher äußerst spannenden Teil im kindlichen Entwicklungsverlauf.

3. Kindliche Ausdrucks- und Empfindungsformen von Liebe

Wenn es um Sexualerziehung geht, so fällt uns Erwachsenen ganz schnell der enge Zusammenhang zwischen Liebe und Sexualität ein. Und schon haben wir unsere erfahrungsgeprägten Erwachsenenbilder vor Augen. „Aber das ist doch nun wirklich noch nichts für Kinder!" „Das betrifft sie doch gar nicht, da haben sie doch rein gar nichts damit zu tun!" Diese spontan abwehrenden Reaktionen erscheinen dann gar nicht so unverständlich, wenn wir berücksichtigen, daß ihnen unsere erwachsenenzentrierte Weltsicht zugrundeliegt.
Aber hier müssen wir umdenken. Als ob es Liebe nur für Erwachsene gäbe und womöglich nur auf ganz spezielle Erwachsenenart geliebt werden könnte; die Liebe einem vielleicht sogar überhaupt erst im Erwachsenenalter begegnete.

Die Liebe zwischen Erwachsenen, vor allem deren körperliche Liebe mit sexueller Erregung und hohem Lustempfinden ist eine Sache, die Liebe eines Kindes zu einem erwachsenen Menschen oder auch zu einem anderen Kind ist eine andere. Doch auch hier spielen schon Körpergefühle und spezielle körperbezogene Empfindungen eine wichtige Rolle, auch wenn die eigentlichen sexuellen Antriebe, die erst zum Zeitpunkt der Pubertät entstehen, noch fehlen. Auch ohne das entscheidende Element des erwachsenen Sexualverhaltens, die Triebkomponente der Sexualität und ohne die erotische Stimulierbarkeit, die Erregbarkeit durch sexuelle Auslöser, wie z. B. die Brüste der Frau oder der Po des Mannes, sehnt sich ein Kind bereits nach kindgemäßer Körperlichkeit. Jedes Kind mag und genießt in wohligen Situationen körperliche Zärtlichkeiten von seinen Bezugspersonen, so wie durch Umarmen und Schmusen verwöhnt zu werden. Genauso kann enger Körperkontakt zwischen befreundeten Kindern deren momentanes Wohlergehen und Glücksgefühl steigern. Sie fühlen bereits selbst, daß körperliche Empfindungen an ihrem Wohlbefinden Anteil haben, und sie wissen recht bald, daß Körperliches auch zwischen verliebten Erwachsenen eine große, wenn auch noch sehr geheimnisvoll erscheinende Rolle spielt.

In diesem Zusammenhang müssen wir Erwachsenen differenzieren lernen, um kindliche Liebesvorstellungen besser einschätzen zu können.
Womit wir als Erwachsene nicht immer rechnen, ist folgende Tatsache:
Kinder nehmen zwar sexuelle Zusammenhänge, auf die sie im Alltag automatisch immer wieder stoßen und deren Brisanz sie aufgrund unserer Reaktionen deutlich spüren, mit viel Aufmerksamkeit, Wißbegier und Begeisterung, aber dennoch persönlich unbeteiligt, ohne eigene emotionale Betroffenheit oder gar erotische Gefühle zur Kenntnis. Dieselben Kinder können aber nicht oft genug und auch mit prickelndem Genuß und mit größter innerer Befriedigung hören, daß sie bereits in Mamas Bauch sehnlichst erwartet und dann auch sofort geliebt wurden und um nichts in der Welt wieder hergegeben worden wären. Die für diese Gefühlszusammenhänge nötigen Emotionen sind bei ihnen, und sind sie noch so klein, bereits voll entwickelt. Vertrauensvolle Geborgenheit und sexuelle Lust, zwei Gefühle, die bei Erwachsenen – wenn sie großes Glück im Leben haben – bei ein und derselben Person gefunden werden, sind für Kinder zwei völlig getrennte Welten, wobei sie letztere noch nicht kennen und so auch noch nicht vermissen.

Vielleicht sollten auch wir Erwachsenen Sexualität als Zuneigung zu anderen Menschen verstehen, die vielfältige Formen haben kann, und ganz bewußt feststellen, daß Sexualität einer lebenslangen Veränderung unterliegt.

Liebe ist ...
Ja, was ist Liebe für ein Kind zwischen 3 und 6 Jahren? Wie wird von ihm geliebt, und in welchen Situationen wird von ihm Liebe erlebt?

Für ein Kind hat Liebe viel mit verläßlicher Zuwendung, mit Geborgenheit und liebevollem Schutz zu tun. Derartige Erfahrungen bereits in frühester Kindheit durch seine Eltern und andere enge Bezugspersonen, wie dies ErzieherInnen sein sollten, gemacht zu haben, ist allen Kindern zu wünschen. Vertraute Erwachsene als schnell reagierende Tröster und Helfer bei Verlassenheitsangst, Schreck, Schmerz, Überforderung, Hunger und Müdigkeit. Aber auch als Quelle für Freude, Lachen, Zärtlichkeit und Beruhigung. Als Sicherheitsbasis, Fluchtburg, Quatschmacher, als Trostpflaster, Wunderheiler, als Alles-wieder-in-Ordnung-Bringer, als verlängerter Arm, beschleunigender Schritt, als Wahrnehmungs- und Verständnishilfe und als nahezu unerschöpfliches Reservoir für Antworten auf alle Fragen, mit Blicken, Mimik, Gesten und Worten.

Liebe, kindgemäße Liebe, kann es aber auch zwischen Kindern geben. Eine besonders reizvolle und schützenswerte Erscheinung. Diese Liebe kann schon vor dem Kindergarten vorkommen, doch typisch ist sie für das Kindergartenalter. Sie kann Geschwister betreffen, vor allem, wenn ein etwas größerer Altersunterschied zwischen ihnen zu finden ist. Sie kann aber auch zwischen sich bislang fremden Kindern vorkommen, wenn diese zu engen Freunden geworden sind. Es gibt sie zwischen zwei Jungen wie zwischen zwei Mädchen und ebenso auch zwischen einem Jungen und einem Mädchen. Und diese Liebe kann ganz unterschiedlich ausfallen.

- Zwei Jungen haben sich lieb,
  weil sie mit niemandem so toll spielen können, wie miteinander,
  weil sie sich gegenseitig bei Angriffen verteidigen,
  weil sie ganz oft dieselben Ideen haben,
  sich nicht verpetzen,
  mal etwas einstecken können und keine Spielverderber sind,
  weil sie sich schnell einig werden,
  weil der eine ungefähr so gerne oder so ungerne rauft wie der andere oder ungefähr so gerne oder so ungerne baut wie der andere,
  weil ...
- Zwei Mädchen haben sich lieb,
  weil sie eine ganze Menge Geheimnisse zusammen haben,
  viel miteinander lachen,
  ihnen nie langweilig ist,
  sie sich zusammen gegen andere durchsetzen können,
  sie sich als Spielpartner wählen,
  weil sie sich gegenseitig helfen,
  ihr Spielzeug tauschen und gut darauf aufpassen,
  weil sie aufeinander warten und überall zusammen hingehen.
- Ein Junge und ein Mädchen haben sich lieb,
  weil zusammen plötzlich alles doppelt so schön ist,
  weil sie oder er so nett lächelt,
  man ganz toll zusammen reden und träumen kann,
  weil es so schön ist, ganz nah nebeneinander zu sitzen, wenn Geschichten erzählt werden,
  weil sie so gut riecht,

er so viel Verständnis hat,
er so stark ist,
sie sich nicht alles von den anderen Jungen gefallen läßt,
weil sie sich ganz einsam fühlen, wenn einer von beiden nicht da ist,
ganz einfach, weil er oder sie am liebsten mit ihr oder ihm zusammen ist.

Wenn ein Junge einen Freund hat, den er mag, ein Mädchen eine Freundin, die sie liebhat, so wissen das zwar alle, doch es beschäftigt die Gruppe offensichtlich nicht weiter; nichts daran scheint ungewöhnlich oder für die Gruppe gar gefährlich zu sein. Freundschaften sind bekannt – und damit Schluß. Wir Erwachsenen finden sie meist gut und freuen uns für die Kinder. Wenn jedoch ein Mädchen und ein Junge befreundet sind, scheint dies etwas ganz anderes zu sein. Schnell wissen es natürlich auch alle – dafür sorgt jedes Gruppenmitglied –, aber diese Konstellation, Mädchen und Junge, scheint mindestens eine Stufe spannender zu sein. Die Freundschaft zwischen Bastian und Chiara ist irgendwie etwas anderes als die Freundschaft zwischen Kai und Oliver oder die zwischen Babette und Lilja. Wir Großen finden es „goldig" und lächeln wissend, wenn wir die zwei beobachten. Auch die Gruppe verfolgt ihr Tun aufmerksam, behält die beiden im Auge. Einige Blicke sind nur neugierig, was da so passiert, andere ein bißchen traurig, nicht in derselben offensichtlich angenehmen Situation zu sein, andere sind ganz offen neidisch und auch ein bißchen mißgünstig, weil sie ihre Chancen, Entsprechendes zu erleben, für gering oder in weiter Ferne einschätzen. Und ganz automatisch, als ob es hierfür eine Regel gäbe, wird gespottet – selbst wenn die beiden allseits beliebt und auch recht hoch in der Gruppe angesehen sind. „Der Bastian geht mit der Chiara." „Die lieben sich!" „Ob wohl bald Hochzeit ist?" „Ob die wohl schon zusammen ins Bett gehen?" Wie gesagt, ein ordentliches Quentchen Neid ist bei diesen Beleidigungen, aus der Erwachsenenwelt entlehnt, immer dabei, da jeder ahnt, wie schön es für die beiden ist, etwas Besonderes zu erleben, nämlich zu lieben und geliebt zu werden. Der Spott jedoch läßt sich nur zum Teil hiermit erklären, mit Sicherheit hat er noch eine andere Funktion: Er soll verhindern, daß die beiden verloren gehen, d. h., daß die beiden sich in ihrem Verhalten zu weit von der Gruppe entfernen, nicht mehr für gemeinsame Aktivitäten zur Verfügung stehen, womöglich noch in anderen Dingen den Erwachsenen zu ähnlich werden. Der Spott dient der sozialen Kontrolle, er soll sie darauf aufmerksam machen, daß ihre enge Freundschaft sehr wohl zur Kenntnis genommen wurde und beobachtet werden wird, aber nur akzeptiert werden kann, wenn sie weiterhin

auch als Gruppenmitglieder auftreten und nicht nur noch Interesse aneinander und Augen füreinander haben werden.
Wenn man es sich genau überlegt, handelt es sich hierbei um einen gruppendynamisch hochinteressanten Widerstand gegen zuviel Zweisamkeit, der die Gemeinsamkeit sprengen könnte. Verliebte zu verspotten, hört eigentlich erst dann auf, wenn man sich in einem Alter befindet, in dem die Mehrzahl der Gleichaltrigen bereits am „Verliebtsein-Virus" leidet oder zumindest durch ihn stark gefährdet ist – und das ist gegen Ende der Pubertät.

Doch kommen wir zu der für uns so spannenden Altersgruppe der 3- bis 6jährigen zurück. Auch wir Erwachsenen sehen in der Verbindung zwischen Bastian (5 Jahre) und Chiara (4 Jahre) etwas Besonderes. Zärtlicher kommt uns die Freundschaft vor, emotionaler und auch schon ein bißchen „körperlicher". In einzelnen Szenen vermuten wir, spezifisch Männliches oder Weibliches in den Reaktionen der Kinder zu erkennen. Die Kinder selbst sprechen – nach der Besonderheit ihrer Freundschaft befragt – Körperliches an:
Z. B. wirkt das Flirtsignal Lächeln anziehend auf sie, sie suchen nach Gelegenheiten für Körperkontakt miteinander, sie registrieren den Duft des anderen und finden ihn angenehm, sie bevorzugen Zusammensein und leiden unter Trennung.

„Liebespärchen" im Kindergarten lassen ganz unterschiedliche Gedanken bei den ErzieherInnen aufkommen:
● „Ich glaube, wir können stolz darauf sein, wie wohl sich die Kinder bei uns fühlen. Eine wichtige Erfahrung, vor allem für die Verliebten, aber auch für die Zuschauer."

- Mit etwas Wehmut sehen manche diese „kleine“ Liebe: „Mein Gott, so groß sind die Kinder also schon, schon fast erwachsen. Wie schnell die Zeit vergeht! Kindheit ist heute so kurz!“
- Manchmal ist auch Unsicherheit zu spüren, Unsicherheit darüber, wie man am besten damit umgehen sollte. „Das hat doch hoffentlich noch nichts mit Frühreife zu tun?“ „Was wohl die Eltern dazu sagen?“ „Ignorieren, fördern oder eher hemmen – was ist richtig?“

Und dabei ist die Sache so einfach:
Die Liebe zwischen zwei Kindern bedeutet nicht, daß nun die Kindheit dem Ende zugeht, die Erotik erwacht und mit ihr das Erwachsenwerden vor der Tür steht, womöglich eine familiäre Veranlagung für Frühreife durchschlägt, und nun auch noch mit weiteren Verhaltensänderungen in Richtung pubertäre Schwierigkeiten zu rechnen ist. Die Liebe zwischen zwei Kindern zeigt viel eher, daß schon kleine Kinder Wünsche und Bedürfnisse nach auserlesener Nähe, selbst gewählter Vertrautheit, und Zärtlichkeit – und zwar zu geben und zu empfangen – haben, daß sie sich gerne mit für sie angenehmen Menschen umgeben, ihnen manche Menschen, vor allem auch welche des anderen Geschlechts, sympathischer sind als andere, sie eben diese ansprechender und ihre Anwesenheit auch besonders genußvoll finden.
Übrigens, zur Beruhigung: Schon Babys flirten und zwar gekonnt, wenn ihnen jemand aufmerksam und attraktiv erscheint. Es geht ihnen um Kontaktaufnahme, das Hervorlocken liebevoller Reaktionen, um gemeinsames Lachen, um Zugewandtheit, um sichere Antwortbereitschaft.

Wenn also ein Kindergartenkind flirtet, wäre es dumm von uns, wenn wir dies ignorieren würden; es gibt wenig so Niedliches und Liebevolles und zugleich Spannendes zu beobachten. Fördern können wir die gegenseitige Liebe zweier Kinder sowieso nicht. Gott sei Dank! Die klappt entweder von allein oder gar nicht. Oder kennen Sie einen erfolgreich ausgegangenen Versuch zweier eng befreundeter Mütter, die dachten, sie könnten aus ihren Kindern auch enge Freunde „machen"? Aber schützen können wir gegenseitige Liebe, denn Freundschaften in dieser Altersgruppe können noch recht leicht gestört oder im Keim erstickt werden. Dauernde Witze, Sticheleien, nachspionieren, womöglich sogar Tadel von Erwachsenen verunsichern die Kinder so stark, daß sie sich in Zukunft eher meiden werden, als die Kommentare der anderen zu ertragen oder gar Zurechtweisungen – womöglich vor der Gruppe – hinzunehmen.

Ab und zu etwas Spott, wie oben bereits erwähnt, verkraften die Kinder, das gehört nun mal dazu. Doch man darf nie vergessen, daß sie durch dauernde Witzeleien entnervt und auch verletzt werden können. Das ist durchaus verständlich, denn man hat seine Gefühle deutlich gezeigt, sich also vor den anderen geöffnet. In dieser Situation ist man schutzlos und leicht verwundbar. Man glaubt, daß es nur hilft, ganz schnell wieder ganz dicht zu machen, im Notfall noch mit Worten oder Fäusten um sich zu schlagen. Ich glaube, eine Reaktionskette, die auch uns Erwachsenen in ähnlichen Situationen nicht ganz unbekannt sein dürfte!

Wenn die Hauptspotter und unermüdlichen Witzefritzen ab und zu in den Arm genommen werden und ins Ohr geflüstert bekommen, daß sie wohl ein bißchen neidisch sind, vermutlich gerade gerne an der Stelle von Bastian oder Chiara und sicher auch nicht böse wären, wenn z. B. der Soundso oder vor allem die Soundso mal besonders nett zu ihnen wäre, dann haben wir eine pädagogische Intervention mit Breitenwirkung vor uns:

- Die momentane Situation wird entschärft,
- das Besondere einer Freundschaft betont
- und außerdem ganz dezent angedeutet, daß es ja Kinder in der Gruppe gibt, deren häufigere Nähe auch ihnen nicht ganz unangenehm wäre.

Einmal selbst die Auserlesene oder der Erwählte zu sein, ist eine wichtige Erfahrung mit Zukunftswirkung, eine Erfahrung, die das Selbstbild und die Einstellung zu anderen prägt, eine Erfahrung, die einem niemand mehr nehmen kann. Und eine Erfahrung aus der vorsexuellen Zeit, die Sicherheit in die sexuelle Zeit mitnehmen läßt.

Anregungen für die Arbeit mit den Eltern

Wie verstehen Kinder Liebe?

Bereits als kleine Babys können sie Liebe erleben, in Form von Geborgenheit, emotionaler Wärme, grenzenlosem Vertrauen und fehlender Angst. Doch nicht nur als Empfänger, also nicht nur passiv, nehmen sie am Lieben teil. Sie leisten als kleine Spezialisten für Kontaktaufnahme einen wichtigen sozialen Beitrag für den Aufbau einer innigen Eltern-Kind-Beziehung. Durch Lächeln, Weinen, Blicke, Körperhaltungen und Bewegungen und schließlich durch präverbale und später verbale Äußerungen agieren und reagieren sie, um liebevollen Kontakt aufzunehmen und ihn zu halten. Im Blickkontakt mit den Bezugspersonen, im gegenseitigen „Gespräch“ und am Körper der

Eltern gelingt ihnen dies am besten; an diese Bedingungen sind ihre Fähigkeiten speziell angepaßt. Bald beginnen auch sie zu schmusen, sich anzuschnukkeln, sie lernen zärtlich zu sein und Liebkosungen zu verteilen. Über die Reaktionen auf ihre Liebesbeweise freuen sie sich riesig. Liebe empfangen und Liebe geben sind sehr frühe Erlebnisse von hohem emotionalem Wert. Positive Bindungserfahrungen sind als klare Voraussetzung für spätere Liebesfähigkeit erkannt worden.

Liebe unter Kleinkindern hat ganz zarte und ganz handfeste Seiten. Von schmusen bis balgen. Sich jemandem öffnen, jemandem vertrauen, sich auf jemanden verlassen lernen, sich an jemands Glück beteiligt fühlen, gemeinsame Erlebnisse und Geheimnisse haben – eine herrliche Sache, ganz egal, ob man Junge oder Mädchen ist und ganz egal, welches Geschlecht das befreundete Kind hat. So wenig eine enge Beziehung zwischen zwei Jungen oder zwei Mädchen mit späterer Homosexualität zu tun hat, genauso wenig hat eine Kinderliebe zwischen einem Jungen und einem Mädchen etwas mit späterer Heterosexualität zu tun, nur mit Liebhaben, wohligen Gefühlen, angenehmer Nähe und genußvoller Gemeinsamkeit. Elemente, von denen man jedoch hoffen kann, daß sie später mal bei erlebter Sexualität auch dazugehören.
Seine Liebe anderen Kindern zeigen zu können und deren Liebe annehmen zu können, ist auf der Skala sozialer Erfahrungen einen ordentlichen Schritt weiter. Ich glaube, man sollte solche Erlebnisse wie den Gewinn einer oder gar mehrerer Jokerkarten verstehen, die einem als glückhafte Erfahrung zur Verfügung stehen, wenn ihr Einsatz gebraucht wird.

Wie in jedem Alter kann auch im Kindergartenalter die Liebe beflügeln – und furchtbar wehtun. Liebesglück und Liebeskummer, beides kann vorkommen. Passiert ersteres, braucht man jemanden, dem man sein Glück zeigen und erzählen kann, der sich mitfreut und das Herrliche der Angelegenheit bestätigt. Passiert jedoch letzteres, braucht man Schutz, Arme zum Auffangen und Hände zum Tränentrocknen und viel Verständnis. Aber wozu hat man schließlich seine Erzieherin und seine Eltern!

Zum Nachdenken:

Ein kleiner Ausschnitt aus einer Rezension von Klara Obermüller zu dem Buch:

Die Autobiographie meiner Mutter

von Jamaica Kincaid

... Wie hinter einem Wall von Angst und Einsamkeit entwickelt sich das Mädchen zu einer Frau, die von Männern begehrt wird, ohne je einem von ihnen ihre innersten Gefühle preisgeben zu können. Nur dem Papier vertraut sie an, wer sie ist. Die Trauer, die aus ihren Worten spricht, ist die Trauer eines Menschen, der nie in sich heimisch werden konnte, weil er nie erfahren hat, was Liebe ist.[1]

[1] in: Brigitte Dossier: Die neuen Bücher '96, Beilage zu Brigitte Heft 21/96, S. 31.

4. Ich und die anderen – die Regeln des Zusammenseins

Kleine Kinder, im Kindergartenalter und noch jünger, sind trotz aller interaktiven Fähigkeiten, die sie zweifelsfrei schon sehr früh besitzen, recht egozentrische Wesen. Etwa so: Wenn ich traurig bin, ist wahrscheinlich die ganze Welt traurig, wenn ich Hunger habe, hat die ganze Welt Hunger (zu haben!), wenn ich gut drauf bin, sollte die ganze Welt lachen. So einfach ist das. Doch halt, da fehlt noch was: Es sollte natürlich sofort jemand zur Stelle sein, der mich tröstet und die Ursache meines Kummers beseitigt, der mir etwas zu essen gibt und dem – ebenso wie mir – gerade jetzt der Sinn nach Toben, Jubeln und Lachen steht. Und alles ist sowieso meins! Aber das war ja schon klar.

Aus diesen stark auf sich fixiert wirkenden Wesen sollen nun in den nächsten Jahren eindeutiger erkennbar soziale Wesen werden, die gruppenfähig und später sogar partnerschaftsfähig sein werden. Aber welche Voraussetzungen braucht man für diese Fähigkeiten? Und stop, was hat das alles überhaupt mit Sexualerziehung, unserem Thema zu tun?

Sexualität ist eine Sache zwischen zwei Personen (zumeist wenigstens). Das heißt also, asozial veranlagt zu sein, wird eine der Ursachen sein, die einer genußvollen Sexualität im Wege stehen können. Sie ist aber auch eine Sache für zwei Persönlichkeiten, mit jeweils eigenem Selbstbild, eigener Befindlichkeit und eigenem Lustempfinden.

Bleiben wir doch fürs erste bei den zwei Personen:

> Zum Gruppenmitglied oder zum Beziehungspartner zu werden, lernt man nur in der Gemeinschaft mit anderen. Hierzu bedarf es wesentlicher Fähigkeiten, wie Kontaktfreude, authentische Eigenwahrnehmung, Empathie und Konfliktlösebereitschaft, um nur vier besonders wichtige zu nennen.

Lernziel: Kontaktfreude:

Wie man auf andere Menschen zugeht, mit ihnen in Kontakt kommt und diesen auf Wunsch aufrechterhalten oder abbrechen kann, lernt man an erster Stelle von seinen Bezugspersonen. Daran, wie sie mit einem selbst umgehen, wie sie miteinander zurechtkommen und schließlich auch, wie sie sich Dritten gegenüber verhalten.
Kontakterfahrungen mit bislang Unbekannten beginnen mit dem Fremdeln erstmals spannend zu werden. Das Fremdeln ist ein Entwicklungsabschnitt, der anzeigt, daß ein Kind nun anhand verschiedener Charakteristika zwischen bekannten und unbekannten Menschen unterscheiden kann. Zahlreiche Situationsmerkmale nehmen einen entscheidenden Einfluß darauf, wie etwa 8 Monate alte Säuglinge auf eine ihnen fremde Person reagieren. So kann z. B. das Dabeisein von Mutter oder Vater bei der unmittelbaren Konfrontation eine entschärfende Wirkung haben. Die Schnelligkeit, mit der sich die fremde Person dem Säugling nähert, spielt eine Rolle. Auch Äußerlichkeiten, wie deren Größe, die Lautstärke ihrer Stimme, können sich auf das Ausmaß der Frem-

delreaktion auswirken. Nicht zuletzt ist – wie zahlreiche Experimente gezeigt haben – die Reaktion des Kindes auf den fremden Menschen auch davon abhängig, ob die anwesende Bezugsperson selbst verunsichert, gar kontaktablehnend reagiert oder nicht, und wie sie den näher kommenden Menschen dem Kind vorstellt und somit den Kontakt zwischen den beiden anbahnt. Auf dem vertrauten Arm, in sicherer Entfernung und ohne voreiliges Berührtwerden, kann es sogar spannend sein, ein fremdes Gesicht zu betrachten, es lächeln zu sehen und sprechen zu hören. Aha, Kontakt zu bislang Unbekannten tut nicht weh, muß nicht ängstigen und kann sogar lustig sein, das wird als wichtige Erfahrung aus dieser Szene mitgenommen.

Wird ein Kind älter, steigen seine Kontaktmöglichkeiten. Unter dem Begriff Sozialkompetenz versteht man die Fähigkeit zu sozial gerichtetem Verhalten, so z. B. die Möglichkeit, Interaktionen mit Spielkameraden mitzugestalten oder das Einleben in die Gruppe Gleichaltriger, ein Erziehungsziel im Kindergartenalter, das das Beherrschen vieler Formen der Kontaktregulation beinhaltet. Sozialkompetenz wird nun nicht – wie lange vermutet – durch das möglichst frühe Angebot von möglichst vielen gleichaltrigen Sozialpartnern gefördert. Ohne Zweifel ist es zwar wichtig, bereits einem Kleinstkind das Zusammensein mit Gleichaltrigen zu ermöglichen, doch das ändert nichts an der Tatsache, daß dies ein langsamer, schrittweiser Annäherungsprozeß ist, bei dem ihm anfangs von den Eltern, später dann ebenso von den ErzieherInnen, am besten dadurch geholfen werden kann, daß der vertraute Erwachsene beim Zusammentreffen mit anderen Kindern anwesend, jederzeit aufsuchbar, ansprechbar oder zumindest schnell anblickbar ist.

Das Hineinwachsen in die Kindergruppe, hier selbständig Kontakte aufzubauen, ist ein Phänomen, das vom Entwicklungsalter eines Kindes und der Zahl seiner guten Erfahrungen abhängt. Darum ist die Eingewöhnungszeit so wichtig: Zuerst ermöglicht die Anwesenheit der Eltern, Vertrauen zur Erzieherin aufzubauen. Im nächsten Schritt wirkt diese neue Bindung als absicherndes Netz für eigene Kontaktaufnahmeversuche zu Kindern ebenso wie für angstfreie und spontane Antworten auf Kontaktversuche seitens der anderen.

Lernziele: authentische Eigenwahrnehmung und Empathie:

Es ist immer wichtig, für jede Form von Partnerschaften, sich über die eigenen Gefühle und genauso über die Empfindungen des Partners im klaren zu sein:

- sich also zu fragen und sich ehrlich zuzugestehen, wie es einem selbst gerade geht, (was bei guter Stimmung kein Problem darstellen wird, aber ...), da das Ergebnis dieser Bilanz das momentane Verhalten und Erleben wesentlich beeinflussen wird,
- diese Befindlichkeit dem Partner mitteilen oder zumindest signalisieren zu können, ohne ihn jedoch darunter leiden zu lassen (was bei guter Stimmung wiederum kein Problem darstellen wird, aber ...),
- gleichzeitig genauso präzise wahrzunehmen, notfalls auch direkt zu erfragen, wie denn der andere Mensch heute drauf ist, wie es ihm geht, was er erlebt hat und fühlt (wir sollten uns angewöhnen – wenigstens Kindern gegenüber – , aus der inzwischen per Konvention rein rhetorisch gewordenen Floskel „Wie geht es dir denn heute?“ „Und dir?“ wieder echte, antworterwartende Fragen werden zu lassen),
- sich also zu bemühen, um sich in den Mitmenschen hineindenken, seine Gedanken nachvollziehen und mit ihm mitfühlen zu können,

- und sich dann auch entsprechend – nach Möglichkeit auf beider Akteure Befinden abgestimmt – zu verhalten.

Nur wer immer wieder als Kind die Erfahrung macht, daß sich jemand Mühe gibt, zu merken, wie es einem im Moment geht, ob man unheimlich glücklich, mit der Welt zufrieden und zu allen Schandtaten bereit, vielleicht aber auch todtraurig, arg enttäuscht oder gar ziemlich gelangweilt ist – und dann auch noch entsprechend mit einem umgeht –, nur wer diese verständnisvolle Wohltat immer wieder erfährt, kann im Laufe der Zeit ähnliche Gefühlshöchstleistungen bei anderen vollbringen.
Im Normalfall beginnt alles damit, daß Eltern intuitiv die Gefühlsäußerungen ihres Kindes interpretieren und beantworten. „Oh, ist unsere Lilian aber müde!" sagen sie, wenn ihr Baby gähnt. Oder „hat Hunger", „hat sich erschreckt", „freut sich", „ist wütend". All diese Kommentare, die signalisieren, daß die kindlichen Gefühlsäußerungen verstanden worden sind, tragen zu seiner Empathierung bei, eine wichtige Voraussetzung zur Schulung einer realistischen Eigenwahrnehmung in Sachen Befindlichkeit. Sich selbst darüber im klaren werden, wie es einem heute geht.
Zu empathischem Verhalten kommt man schrittweise. In Ansätzen bringen wir die Fähigkeit der Gefühlsansteckung, der Perspektivenübernahme und schließlich der Fähigkeit zu empathischen Reaktionen mit auf die Welt. Für ihre Manifestierung und Perfektionierung bedarf es jedoch immer wieder erneut am eigenen Leib erlebter Empathiebeweise. Der Entwicklungsfortschritt läßt sich leicht darstellen:
- Ein Säugling beginnt zu schreien, wenn er einen anderen schluchzen hört. Das typische Konzert in überfüllten Wartezimmern der Kinderärzte läßt sich

so erklären. Das erste Baby, das zu schreien begann, hatte vielleicht Hunger bekommen. Das zweite und dritte Kind, die als nächste schrien, brauchten weder Hunger noch Schmerzen gehabt zu haben, auch nicht erschreckt worden zu sein, sie ließen sich einfach vom Geschrei des Starters „anstecken". Das ist die erste Stufe des Mitgefühls, nach dem Motto: „Unwohlsein liegt in der Luft, also schon mal vorsichtshalber schluchzen!" Anders ausgedrückt, durch *Gefühlsansteckung* wird ohne eigenen Anlaß Unbehagen ausgelöst.

- Erst wenn ein Kind eineinhalb oder zwei Jahre alt wird, kann es zwischen seinem eigenen und dem Befinden anderer unterscheiden; es hat Ich-Bewußtsein entwickelt. Wenn es jetzt ein anderes Kind beobachtet, das weint, erkennt es auf dieser Entwicklungsstufe, daß nur das andere Kind unglücklich ist, hört aber dennoch auch selbst kurz zu spielen oder zu lachen auf. Es erkennt, daß die Leidsituation primär für das andere Kind gilt, erlebt die Situation aber dennoch mit spannungsreichem Unbehagen und eilt bisweilen davon, auch wenn es bereits weiß, daß sich der Leidende immer noch in der mißlichen Situation befinden wird, auch wenn es sich selbst vom Unglücksort entfernt hat. Jetzt ist die Ebene der *Perspektivenübernahme* erreicht.
- Es dauert nun etwa noch ein halbes oder dreiviertel Jahr, bis ein Kind in einer vergleichbaren Situation begreift, daß der sich in Not Befindende Hilfe braucht. Eine *empathische Reaktion* wird dann gezeigt, wenn der Beobachter nicht mehr versucht, der unbehaglichen Situation zu entkommen, sondern etwas unternimmt, um die Situation des anderen zu verbessern, indem er ihn tröstet, ihm das verschafft, was er braucht, ihm hilft. Hat das Kind selbst schon oft erlebt, daß seine Hilferufe erhört werden und immer schnell jemand kommt, um es in den Arm zu

nehmen und zu trösten, so wird es genau dieses auch bald bei anderen Kindern machen. Ein Taschentuch geben, streicheln, beruhigend sprechen, aufheben, Wunde ansehen oder versuchen, dem oder der Unglücklichen wieder eine Freude zu machen.

Werden hilfesuchende Appelle eines Kindes von seinen Bezugspersonen nicht bemerkt, nicht berücksichtigt oder gar bestraft, lernt das Kind, diese Gefühlsäußerungen zu unterdrücken. Und nicht genug: Es wird sie auch bei anderen Menschen nicht mehr bemerken und darauf reagieren. Wird emotionale Ausdrucksfähigkeit nicht beachtet oder abgelehnt, so wird die kindliche Aufmerksamkeit für derartige Situationen herabgesetzt. Doch die Konsequenzen sind noch weitreichender: Die kindlichen Emotionen werden dann nicht nur in entsprechenden Situationen unterdrückt, sondern seine emotionale Ausdrucksfähigkeit wird insgesamt eingeschränkt.

Heute hat man erfreulicherweise erkannt, wie wichtig es ist, Kinder auf ihre Gefühle und ihr Befinden anzusprechen und ihnen verschiedene Möglichkeiten nahezubringen, diese auch im Laufe der Zeit immer klarer auszudrücken, eindeutiger für sich selbst und auch für ihre agierende und reagierende Umgebung:

- Ist dies erstmal mit Worten möglich, ist man bereits sehr weit, eigentlich schon ganz oben am Ziel seiner Ausdrucksmöglichkeiten. Ob das Wesentliche dann geflüstert, gesagt, gesungen oder gebrüllt wird, ist fast egal, es wird von der jeweiligen Situation und dem individuellen Temperament abhängen und gar nicht unbedingt vom jeweils herrschenden Gefühl, welche Lautstärke für seine Darstellung gewählt wird. Probieren Sie das doch mal selbst aus, und sagen Sie die beiden Sätze „Ich bin sehr glücklich!“ und „Ich bin unheimlich wütend!“ von ganz leise bis schreiend laut. Sie werden feststellen, man kann leise und ganz laut Glück und ebenso Wut rüberbringen. Übrigens auch für die Kinder (und ihre Eltern!) eine spannende Erfahrung.

● Doch bevor man seine Gefühle in Worte fassen kann, muß man dennoch nicht stumm bleiben. Der Gesichtsausdruck, das Spiel der Hände, die ganze Körperhaltung, der Gang – alles kann ganz ohne Worte Stimmungen und Befinden ausdrücken und tut es meist auch mehrgleisig. Stimmungen spielen, mit hängenden Schultern schlurfen oder mit hocherhobenem Kopf stolzieren, nach Möglichkeit noch unterstützt durch Kleider aus der Klamottenkiste, Schminke und – als Höhepunkt – Musik macht ungeheueren Spaß und bringt doppelte Erfahrung: Zum einen schult man die Eigenwahrnehmung, indem man mit der korrigierenden Unterstützung der anderen erfährt, wie sich verschiedene Stimmungen „anfühlen", zum anderen schult man den Blick für seine Mitmenschen, indem man lernt, Typisches an traurigen, lustigen, müden, unternehmungsbereiten und angespannten Menschen zu erkennen.

● Es ist sicher kein Fehler, noch weitere Zwischenschritte beim Kennenlernen von Gefühlen einzufügen. So zum Beispiel ausgewählte Geschichten, Puppenspiele, Filme, denn all diese Medien können Figuren mit unterschiedlichstem Befinden vor- und darstellen. In die eine Geschichte kann sich der eine, in die andere Geschichte die andere besser hineindenken und sich wiedererkennen.

Lernziel: Konfliktbereitschaft:

Wie mit Gefühlen, erst nur mit den eigenen, dann auch mit denen der anderen, umzugehen ist, lernt man in der Kindheit, am besten in verschiedenen Sozialisationsgruppen: Familie, Spielkreis, Kindergarten, Freundesgruppe. Wird beispielsweise Wut zur Kenntnis genommen, als solche akzeptiert und als Konflikt zu bearbeiten versucht, wird Frustration erkannt, ihrer Ursache auf die Spur zu kommen versucht und eine Befriedigung der verhinderten Bedürfnisse angestrebt, oder wird nur durch angedrohte Strafe oder unspezifische Belohnung für den Moment ruhiggestellt? Große Unterschiede im Hinblick auf die weitere Zukunft von Gefühlsäußerungen in Konflikten.

In jeder Partnerschaft – egal in welchem Alter sie existiert – wird es zu Meinungsverschiedenheiten und Konflikten kommen. Prägende Erfahrungen mit dem Ablauf von Auseinandersetzungen und dem Umgang mit Siegern und Verlierern macht man wiederum in der eigenen Familie, dann im Kindergarten und später – meist recht heftig – in der Schule. Aber schon ganz früh entsteht das überraschend stabile individuelle Grundmuster, Konflikte anzugehen. Entstanden aus verschiedenen Zutaten:

- ❑ zum einen aus den am eigenen Leib gesammelten und beobachteten Erfahrungen über den Ausgang von Meinungsverschiedenheiten, egal, ob man daran beteiligt oder nur Zuschauer war (welches Verhalten lohnt sich?),
- ❑ und zum anderen nach dem Vorbild der Bezugspersonen und später der Kameraden; man schaut sich ab, wie diese üblicherweise beim Konfliktelösen vorzugehen pflegen, egal, ob sie selbst darin verwickelt oder nur Schiedsrichter oder Beobachter waren.

Zu Hause und im Kindergarten sollte man lernen, daß Konflikten aus dem Weg zu gehen nie eine längerfristige Lösung ist, zumindest für Menschen, die mehr als einen Nachmittag auf dem Spielplatz oder ein Wochenende bei einer Freizeit miteinander zu tun haben wollen oder müssen. Man kann auch nicht immer seinen Kopf durchsetzen, obwohl mitunter Hartnäckigkeit und Überzeugungskraft durchaus angebracht sein können. Auch Nachgeben kann von Fall zu Fall der richtige Weg sein oder das Zurückstellen der eigenen Wünsche oder die gemeinsame Suche nach einem Kompromiß. Nur von seinen Vorbildern lernt man, daß man natürlich unterschiedlicher Meinung sein kann und diese auch mal scharf vertreten kann, aber bitte ohne Respektlosigkeit, persönliche Beleidigung, verletzende oder erniedrigende Worte.

Und die Kinder werden mit Recht auch im Kindergarten genau beobachten, wie mit Konflikten umgegangen wird, um zu sehen, „was Erfolg hat" und „wie es normalerweise läuft".
Nehmen wir der Einfachheit halber als Beispiel mal einen Konflikt mit körperlicher Auseinandersetzung. Wird danach nur inquisitorisch-anklagend nach dem Schuldigen gefahndet oder mitfühlend-interessiert nach einer Lösung des entstandenen Problems gesucht, und zwar einer Lösung für das angegriffene Kind ebenso wie für den Angreifer? Ein großer Unterschied für weitere Erfahrungen beim Konfliktlösen!
Sprechen wir zuerst das Kind an, dessen Angriff zum Höhepunkt der Auseinandersetzung geführt hat, vielleicht so:

- ❑ Warum hast du eigentlich eine so große Wut bekommen?
- ❑ Was hat dich denn so ärgerlich gemacht?
- ❑ Hat dir vielleicht etwas sehr wehgetan, oder warst du wegen irgend etwas ganz arg enttäuscht?

Dann merkt das angesprochene Kind, daß es hier nicht um das Aufspüren und Bloßstellen des Schuldigen geht, sondern um die gemeinsame Lösung eines offensichtlich mehrere Personen betreffenden Problems. Es gab also tatsächlich einen Grund, wütend, ärgerlich und enttäuscht zu sein, denn sonst würde ja nicht danach gefragt werden. Ob man deshalb gleich losschlagen, treten oder beißen mußte, ist dann die zweite Frage, die im Anschluß daran geklärt werden wird. Derartige Fragen gehen natürlich bereits zumindest indirekt auch an die Adresse des zuletzt angegriffenen Kindes, des Opfers. Denn dieses kommt beim Zuhören nicht umhin, darüber nachzudenken, ob und inwieweit auch sein Verhalten aggressionsfördernd gewesen sein könnte. Spätestens die nächsten Fragen machen beiden Kontrahenten die beidseitige Beteiligung am Problem klar.

❑ Wie hätte Nadine beim Bauen mitmachen können, ohne daß du diese Wut bekommen hättest?

❑ Was glaubst du, warum ist der Peter auf dich losgegangen?

Eine wichtige Erfahrung beim Konfliktlösen ist die, daß der Übergang zwischen Täter und Opfer fließend sein kann. Das Kind, das z. B. als erstes körperlich aggressiv wurde, muß nicht der einzige Täter gewesen sein, noch nicht einmal der Starter der Auseinandersetzung, erst recht nicht der Verursacher des Konflikts. Der „böse" Täter ist nicht immer eindeutig böse und das „arme" Opfer nicht immer nur arm dran.

❑ „Die Lisa hat zwar angefangen zu stoßen und zu beißen, aber die Jacqueline hat ihr auch genügend Grund gegeben, wütend auf sie zu sein!"

❑ „Daß du dich über den Tobias geärgert hast, ist ja verständlich, aber noch lange kein Anlaß dafür, mit Steinen nach ihm zu werfen!"

❑ „Ich verstehe ja, daß du Caroline gegen Oliver helfen wolltest, ich verstehe aber nicht, warum du deshalb seine Papierpuppe zerschneiden mußtest!"[2]

---

[2] Wer sich noch mehr für den Umgang mit Aggressionen interessiert, sollte mal einen Blick in das Buch „Aggressionen im Kindergarten" werfen. Es ist in derselben Reihe erschienen.

Anregungen für die Arbeit mit den Eltern

Eine Aufgabe des Kindergartens ist es, die Kinder altersgemäß darin zu unterstützen, gruppen- und beziehungsfähiger zu werden. Hier werden Ihnen die Eltern sofort zustimmen. Auch bei einer genaueren Darstellung der Ziele auf diesem Weg werden Sie durchweg auf offene Ohren stoßen:

❑ Ihr Kind soll in unserer Gruppe fit und unbefangen im Umgang mit anderen Kindern werden, damit es lernt, auf eigenen Wunsch einen Kontakt zu initiieren, ihn auch zu intensivieren, wenn alles gut läuft, ihn notfalls aber auch abbrechen zu können, wenn das gemeinsame Spiel keinen Spaß mehr macht, zu weit führt, ängstigt oder einfach nur langweilig oder blöd wird.

❑ Es soll erfahren, wie wichtig es ist, seine Gefühle zu zeigen und sie nicht zu unterdrücken. Wichtig für die anderen, damit sie merken, was in einem vorgeht und was man sich von ihnen erhofft. Es ist aber genauso wichtig, daß die anderen ihre Gefühle zeigen, damit man sie wahrnehmen und einschätzen kann und so eine Chance bekommt, „richtig" zu reagieren. Es soll am eigenen Leibe mitbekommen, wie wesentlich Vertrauen in die eigenen Gefühle ist. Sich seiner Gefühle nicht zu schämen, sondern sie zuzulassen, sie sich zuzugestehen.

❑ Es soll in der Gruppe und mit Hilfe aller erleben, daß sich Konflikte nicht vermeiden lassen und auftreten, aber bewältigt werden können, und zwar, ohne die Betroffenen zu stark in Frage zu stellen. Hierfür muß viel gelernt werden, da Lösungen von Fall zu Fall anders aussehen müssen: Durchstehvermögen, Überzeugungskraft, Frustrationstoleranz, Triebaufschub, Nachgiebigkeit und Kompromißbereitschaft und all diese Fertigkeiten, die so schwer sind, daß, wenn Hänschen sie nicht zu lernen beginnt, Hans und seine Umgebung sich mit Sicherheit noch an vielen Konflikten die Zähne ausbeißen werden!

Wahre Begeisterung für Ihre Kontakt- und Interaktionsspiele, für Übungen zum Wahrnehmen von Stimmungen und Gefühlen und für Ihre Bemühungen, positive Muster zum Konfliktelösen in gespielten Szenen und – noch wirkungsvoller – in todernsten Echtsituationen anzubieten, werden Sie aber erst dann ernten, wenn Sie die Eltern sammeln lassen, was Sie an Ihrem Partner oder Ihrer Partnerin am meisten stört:

- Er/Sie kann einfach nicht den ersten Schritt machen!
- Kontakt mit Freunden pflegen, das kann er/sie nicht, das muß immer ich machen!
- Da kommt mein Mann/meine Frau nie mit, es könnte ihn/sie ja jemand ansprechen und womöglich in ein Gespräch verwickeln.
- Daß wir mal jemanden Neues kennenlernen, das kommt nicht vor – und nicht etwa deshalb, weil wir nie nette Leute sehen würden.
- Ich muß ihm/ihr an der Nasenspitze ablesen, nach was ihm/ihr ist, er/sie würde sich eher die Zunge abbeißen, als mit etwas herauszurücken.
- Ich habe einfach unter meinem emotionalen Niveau geheiratet.
- Und wenn ich mit dem Kopf unter dem Arm nach Hause käme, würde er/sie nichts merken.
- Bei uns gilt die Konfliktregel Nr. 1: Alle anderen sind die Dummen.
- Bei uns sind die Positionen, wer immer schuldig ist und wer nie, bereits fest verteilt.
- Wir laufen wie auf Hügeln, da bei uns alles unter den Teppich gekehrt wird.

5. Die Erfahrung von Nähe und Körperlichkeit

Vor kurzem hat mir ein Mann erzählt, wie er seine Frau kennengelernt hatte: „Ich mußte mich einfach in sie verlieben, denn sie roch wie meine Kindergartentante vor über 20 Jahren und ihre Berührungen waren zum Verwechseln ähnlich, so warm und weich. Ausschließlich wegen Frau Lillot, ihrer Art, mich zu begrüßen und sanft in den Raum zu führen und wegen ihres Duftes bin ich damals jahrelang tapfer in einen gräßlich lauten Kindergarten gegangen. Wenn ich in ihrer Nähe sitzen durfte, nahm ich ihren Duft wahr, oder wenn sie an mir vorbeilief, raschelte ihre gestärkte Schürze und eine dezente Duftspur folgte ihr, und dann konnte ich spielen."

Ich möchte Ihnen genau das, was dieser Mann beschrieben hat, in noch etwas anderen Worten und anhand weiterer Beispiele in diesem Kapitel vermitteln. Nämlich die langfristige Bedeutung von in der Kindheit lustvoll erlebter Nähe und genossener Körperlichkeit – wenn auch hier noch ohne jedes sexuell erregende Moment – ganz akut zum momentanen Genuß, gleichzeitig aber auch als Vorbereitung auf eine mit Befriedigung und Glück erlebte Sexualität!

Im Eingangsbeispiel waren die Erlebnisse des kleinen Jungen mit seiner Erzieherin schon in der Zeit, in der die Basis für all die späteren Assoziationen gelegt wurde, so schön, daß sie die negativen Kindergarteneindrücke in ihrer Bedeutung herabstuften und ihm immerhin so viel Geborgenheit und Nähe vermitteln konnten, daß er in einer ihn verunsichernden Umgebung verbleiben und sich zumindest teilweise wohlfühlen konnte. Später, dann als Mann mit herangereifter Sexualität, gehörten diese wiedergefundenen und erinnerten Eindrücke zu den Merkmalen, die jetzt dazu beitrugen, ihm eine Frau besonders erregend und deshalb begehrenswert erscheinen zu lassen.

Muß man Körperlichkeit lernen? Ist das nicht etwas, was sich im Laufe der Lebensjahre automatisch einstellt? Etwa ein gutes Körpergefühl, Nähe zulassen und vermitteln, Zärtlichkeiten genießen und verteilen, also annehmen und geben können?
Diese Frage ist wichtig, denn Wissen über körperliche Vorgänge macht Sexualität zwar verständlich, aber nur ein positives Körperbewußtsein macht sie genußvoll erlebbar.

Wie kommt man zu einem positiven Körperbewußtsein, zu einem guten Körpergefühl?

Alles beginnt mit Körperkontakt!

Körperkontakt, von dessen Bedeutung Sie schon einiges gehört haben. Hierher gehören all die wichtigen körperlichen Erfahrungen, die wir bereits im Zusammenhang mit dem Bindungsprozeß zwischen Eltern und Kind genannt haben. In den Arm genommen, am Körper getragen, in den Schlaf gewiegt, mit Körperkontakt gestillt und gesund gepflegt, notfalls getröstet zu werden, oder einfach nur eng aneinander geschnuckelt genußvoll zu spielen, all das sind Dinge, die die Körperlichkeit anderer mit ihrem Einfluß auf das eigene Körperempfinden erleben lassen.
Das gilt nun alles nicht nur für die Säuglingszeit, sondern ebenso auch für die Kleinkindzeit.
Wenn man hingefallen ist, muß man auf den Arm oder wenigstens auf den Schoß, um engumschlungen

getröstet zu werden. Die verletzte Stelle muß – auch wenn nichts zu sehen ist – gepflegt und liebkost, gestreichelt, geblasen, eingecremt und verpflastert (ganz wichtig!) werden, das „blöde" Hindernis muß verwarnt und vielleicht müssen sogar noch weitere „Mitleider" hinzugezogen werden.

- Übrigens, man kann sich auch vor Freude umarmen!
- Gerade wenn man krank ist, braucht man viel, viel Körperkontakt und Streicheleinheiten.

Wenn einem Kind etwas Tolles passiert ist, es wieder gesund ist, Geburtstag hat, etwas lange Vermißtes wiedergefunden oder einem anderen Kind sehr geholfen hat, dann sollte es zumindest die Hand geschüttelt und auf die Schulter geklopft bekommen, besser noch von vielen Händen hochgehoben, sicher gehalten und umjubelt werden.

- Im Zauberkreis – jeder muß seinen Nachbarn irgendwo berühren und nirgendwo darf eine Lücke sein – ist eine Geschichte nochmal so spannend.
- Ein mit einer Kinderkette, Hand in Hand, begonnenes Fest geht mit Sicherheit nicht schief.
- Oder für ganz Mutige (Kinder wie ErzieherInnen!): sich mit verbundenen Augen von jemandem ohne Worte durch einen Wald voller Hindernisse führen und geleiten lassen.

Ein gutes Körpergefühl beginnt mit Körperkontakt. Doch schon beim Baby kommt weiteres Wichtiges hinzu: Ein Kind lernt seinen Körper und seine körperlichen Möglichkeiten kennen.

Am Anfang klappt dies alles ganz von allein. Für kleine Babys sind die Hände mit den Fingerchen und die beiden Füße mit den spannenden Zehen dran ein

wichtiges Spielzeug. Immer wieder und dann minutenlang probieren sie aufmerksam vielerlei Bewegungen aus, die bereits vertrauten und neu erfundene, betrachten ihre Hände und Füße genau und stecken sie in den Mund, um genüßlich daran zu nuckeln. Mit Zunge, Zahnleiste und Lippen wird in diesem Alter intensiv erkundet, was in den Mund zu bekommen ist. Zieht man Babys aus und befreit sie von einengenden Windeln und Kleidung, beginnen sie sofort, begeistert zu strampeln und mit den Armen in der Luft herumzufuchteln. Ihren Körper zu bewegen, macht ihnen großen Spaß, wie man am Jubeln und begeisterten Wiederholen leicht erkennen kann. Und dabei noch gestreichelt und lieb angesprochen zu werden, ist für sie die höchste Freude.
Sie merken schon:

Jetzt kommen die Reaktionen der Umgebung dazu, immer mehr werden Bestätigungen gesucht und genossen, Körperliches wird zum Gesprächsthema.

Die eigenen Erfahrungen sind weiter wichtig, doch gewinnen sie, „von außen" positiv kommentiert, noch an Bedeutung. Babys streicheln sich natürlich auch selbst, berühren ihren kleinen Kugelbauch, ihren kleinen Penis oder ihre kleinen Schamlippen, zwicken sich selbst in die Oberschenkel und tasten ihre Ohren ab. Überall ist Berühren und Berührtwerden spannend. Eine Erfahrungsmöglichkeit, um seinen Körper kennen und mögen zu lernen. Beginnen die Haare zu wachsen, so wickeln sie sich ein paar Haare um die Finger. Sie nuckeln vor dem Einschlafen am Däumchen oder am Handrücken, alles Dinge, mit denen sie sich angenehm beruhigen.

Doch die Liebkosungen der Eltern oder Geschwister nehmen sie mit besonders großem Interesse und Genuß entgegen. Beim Spielen und Pflegen werden die Körperteile benannt. So bekommt das Ärmchen seinen Namen. Der Po oder der kleine Penis erhalten familienübliche, liebevolle Kosenamen. Die Schamlippen der kleinen Mädchen bekommen übrigens im Säuglingsalter viel seltener einen eigenen Namen, als ob „das da unten“ kein Thema wäre. Psychologen vermuten, daß das ein Grund dafür sein könnte, weshalb Mädchen es schwerer haben, ihren Körper „ansprechend“ zu finden.
Kinder sind auch an ihren körperlichen Veränderungen interessiert, vorausgesetzt, sie werden bewundernd darauf aufmerksam gemacht. So sind sie stolz darauf, wie sie wachsen. In fast allen Familien kennt man das Spiel „Wie groß ist denn unser Schatz!“; das rufen die Eltern oder Geschwister, und das kleine Kind reckt sich und streckt die Ärmchen so weit es nur kann in die Höhe, um mit strahlendem Gesicht zu verkünden: „So groß!“
Ein bißchen später ist es nicht mehr das bloße Wachsen, was mit Stolz erfüllt, jetzt kommt die Begeisterung über die flinken Beine und die geschickten Hände dazu. Jedes Lob und jeder Ansporn – „das kannst du!“ – wird wie von einem Schwamm aufgesaugt und mehrt die Anstrengung und stärkt das Körperbewußtsein, ein Teil des Selbstbewußtseins. Bewegung, Bewegungsfreude und Wohlgefühl gehören ganz eng zusammen. Sich bewegen dürfen, wird allein schon als Belohnung empfunden. Nach Spielen und Toben ausgepowert zu sein, verschafft Wohlbefinden. Unser Körper dankt es uns mit guten Gefühlen. Wir sind verträglicher, haben bessere Laune, schlafen besser und sind auch leistungsbereiter. Das gilt – wie Sie sich sicher bereits während des Lesens gedacht haben – übrigens nicht nur für Kinder!

Doch für sie ist alles noch überraschender, da nahezu jeden Tag etwas Neues im Leistungsspektrum dazukommt. Plötzlich kann man fast alles dank eigener Geschicklichkeit bewältigen, kommt nahezu überall hin, kann drehen, schrauben, bauen, malen, eingießen, singen und tanzen und vieles mehr. Alles mit dem eigenen Körper. Ein gutes Gefühl ist es auch festzustellen, daß man immer stärker wird. Etwas tragen können, etwas hinter sich herziehen, hochziehen, ausgraben, um etwas kämpfen, das gibt Selbstbewußtsein und Kraft. „Willst du mal meine Muskeln anfassen?“ Bewältigbare Herausforderungen, mit gebührender Anerkennung von wichtigen Menschen zur Kenntnis genommen, das trägt zu einem guten Körpergefühl bei.

Kinder wollen Gefühle spüren, von ganz klein bis ziemlich groß. Sie sollten ihren Körper als liebenswert, als der Liebe wert erleben. Als Mittel, Zärtlichkeit auszudrücken.

Jahrelang kann Schmusen und Knuddeln mit Mama und Papa die Lieblingsbeschäftigung sein, beim Zubettgehen am Abend, am Sonntag morgen im Bett, auf dem Sofa, auf dem Boden, eigentlich überall und immer. Hoffentlich hat jede Familie ihre erprobten Spezialrezepte: Löckchen-Kraulen, Öhrchen-Knabbern, Nase-Schnappen, Finger-Wettrennen auf dem Bauch, Pobacken-Anpusten oder Kosenamen-Flüstern. Mama ist vielleicht Spezialistin für Auf-den-Zehen-Klavierspielen, Papa vermutlich Weltmeister im Küsse-über-den-Rücken-purzeln-lassen.
Bei Regenwetter zu Hause gemütlich zusammenrücken, warme Schlabbersachen anziehen und heiße Schokolade trinken und nur noch Schönes machen,

das bedeutet Geborgenheit spüren und das sichere Gefühl dazuzugehören, den anderen wichtigen Menschen ganz nah zu sein. Alles, was dieses Gefühl im Kindergarten aufkommen läßt, sollte unterstützt, ja bewußt gefördert werden. Wie so oft gibt hier das Alltagserleben mehr Sicherheit als alle Worte. Es geht darum, sich angenommen, o.k. zu fühlen, sogar mit all den Schwächen, die man vermutet oder vielleicht sogar hat. Zwar nicht der oder die Schnellste zu sein, aber sich einzusetzen für die Gruppe und auch deshalb ins Spiel gewählt zu werden, weil man so viele gute Ideen hat und nicht ewig lang mißmutig ist, falls die eigene Partei verlieren sollte, läßt die etwas langsameren Beine gut verkraften. Zwar mitunter Dickerchen genannt zu werden, aber sicher zu sein, daß mindestens vier Kinder (also auf alle Fälle die ... und der ..., aber auch ...) traurig sind, wenn man mal zu stark verschnupft ist, um in den Kindergarten zu kommen, dann kann man die fehlende Adonisfigur verschmerzen. Und wenn es ums Verteidigen und Imponieren geht, dann sind z. B. die Spindeldürren gar nicht so gefragt.

Wer sich liebenswert fühlt, braucht nicht perfekt zu sein, um sich zu mögen.

Kleine Kinder finden sich meist beim Blick in den Spiegel völlig okay. Sie sehen ja – wie Mama und Papa sagen – „süß“ mit ihren Patschfüßchen, dem Babyspeck, den Schnittlauchlocken und den Mäusezähnchen aus, also werden sie sich deswegen keine Gedanken machen. Leider hält dieser absolut selbstsichere Zustand nicht ewig an. Irgendwann beschließt man, zu klein oder zu groß für sein Alter zu sein, findet seine Arme zu spirrig oder zu feist, den Bauch zu dick, die Beine zu krumm und die Haare einfach komisch. Hoffentlich findet man dann immer noch einige Dinge oder Zentimeter an sich, die einem gefallen. Sämtliche Ideale gleichzeitig im Kopf, gespeist auch durch eine Welt künstlich gestylter Werbekörper, läßt den Abgleich mit der eigenen Realität oft kritisch ausfallen. Diese Unzufriedenheit mit dem eigenen Körper kann bereits im Kindergartenalter beginnen und nimmt von da an von Jahr zu Jahr zu. Erst wenn andere sagen: „Hast du aber schöne Augen!" „So hübsche Zehen!" „Mensch, sind das starke Arme!" „So volles Haar möchte ich auch haben!", erst dann bemerkt man, daß da etwas Wahres dran sein, es vielleicht sogar stimmen könnte. Es ist schon komisch. Erst wenn andere es sagen, am besten immer wieder, fängt man auch langsam an, es zu glauben. Da kann man nur hoffen, daß immer jemand da ist, der etwas Nettes über einen sagt, ganz einfach weil er einen mag und es deshalb so sieht und glaubhaft vermitteln kann! Zumindest solange, bis man stabil in sich wohnt und aus sich heraus agieren kann, auch ohne Rückmeldung von außen, was nun gerade als gut oder weniger gut empfunden wird.

Anregungen für die Arbeit mit den Eltern

An dieser Stelle möchte ich Sie dazu anstacheln, den Eltern etwas Nachhilfe in Sachen Körperlichkeit zu geben. Zur Einstimmung auf das Thema, um das es dabei gehen soll, einige Sätze an Sie.

„Sind Sie schon mal im Sand gelegen und haben sich die Sonne auf die Haut scheinen lassen? Gut eingecremt, versteht sich!

Und sind Sie sich dann mit der Hand über die warme, weiche, zarte Bauchhaut gestrichen?
Und haben Sie die Augen geschlossen und genüßlich ausgeatmet?
Ja?! Na, dann wissen Sie, wie wohl Sie sich in Ihrer Haut fühlen können. Lassen Sie es sich möglichst oft gut gehen, Ihnen und Ihrem Körper!"

❑ Zeigen Sie den Eltern doch mal, wie toll sich die Kinder mit Fingerfarben gegenseitig bemalt haben, ihren Körper zum Kunstwerk gemacht haben. Wie wäre es denn mit einem Schminknachmittag für Eltern und Kinder – nicht nur in der Faschingszeit?
❑ Schlagen Sie doch Massagegutscheine (statt Süßigkeiten oder Geld) vor, für besonders liebe Hilfe.
Wie wäre es denn mit gebastelten, bemalten Schachteln mit Badeperlen zum Mutter- oder Vatertag, womöglich zum gemeinsamen Badespaß?
❑ Oder im grauen November zum Wochenende ein Blatt mit nach Hause mit Tips für einen Gemütlichnachmittag mit Picknick im Bett oder auf dem Sofa. Ein Gedankenspiel, eine spannende Geschichte, ein Rezept für einen ganz schnellen Genießerkuchen aus der Hand, Massagetips für kleine und große Rücken, Theaterstück mit Fingern und Zehen ...
❑ Oder worauf hätten Sie Lust?

6. Respekt vor dem kindlichen Körper

„Schäm' dich!" kann eine Aufforderung von Erwachsenen sein, und wenige Minuten später kann ein erneuter Kommentar plötzlich „Jetzt schäm' dich doch nicht!" heißen. Es scheint also zweierlei Arten von Scham zu geben:
eine, die man, so man ein liebes Kind ist, haben und zeigen sollte,
und eine, die man, so man wiederum ein liebes Kind ist, nicht zu haben braucht.
Über erstere müssen wir uns hier keine Gedanken machen, da sie nicht zu unserem Thema gehört (mir kommt sie immer suspekt vor, diese vom so perfekten Erwachsenen dem noch sehr unvollkommenen Kind abverlangte, es oft demütigende Scham!).
Aber zweitere gehört ganz zu unserem Thema. Um die sollten wir uns kümmern.

Was hat es mit der Scham auf sich?

Wenn es nach dem Wunsch kleiner Kinder, so etwa 2 Jahre alt, ginge, säßen sie drückend auf dem Töpfchen, während Papa vielleicht ein Lied singen und ihnen die Haare kraulen könnte und sie nebenher eine Butterbrezel essen würden. Alles kein Problem, selbst wenn die Nachbarin auf Besuch käme. Wenn es ihrer Meinung nach warm genug ist, kann man sowieso immer nackt sein, egal, wo man ist und wo man hingeht.
Kleine Kinder lassen sich von Mama und Papa oder anderen auserlesenen Personen problemlos waschen und das wunde Pimmele oder die leicht geröteten Schamlippen eincremen, wenn das alles zärtlich und liebevoll geschieht. Beim Spazierengehen verrichten sie kleine wie große Geschäfte mitten auf dem Park-

weg oder im Blumenbeet, ohne von sich aus hinter einem Busch in Deckung zu gehen. Auch auf der Toilette sitzend lassen sie gerne die Klotüre auf, um ihre angefangene Geschichte besser weitererzählen zu können oder um nichts vom Familienleben zu versäumen. Sie genieren sich nicht, kennen keine Scham. Ihre Nacktheit fällt ihnen auch zwischen vielen Angezogenen, wenn überhaupt, dann sicher nicht unangenehm auf.

Diese Freizügigkeit kann von einem Tag auf den anderen enden, und nicht nur das, sie kann in Prüderie umschlagen. Waren vor diesem Zeitpunkt alle Kinder gleich „schamlos", so gelten ab jetzt Aussagen zum Umgang mit Nacktsein nicht mehr generell für alle der gleichen Altersgruppe. Plötzlich genieren sich Kinder in bestimmten Situationen, einzelne schon recht früh, nämlich außer Haus bereits mit 4 oder 5 Jahren, manche erst 2 oder 3 Jahre später, ebenfalls außer Haus, aber jetzt auch beginnend im Familienkreis.

In die Hose gefaßt bekommen – womöglich noch vor anderen –, ob diese naß ist, will man verständlicherweise nie. Ein Hosencheck muß entwürdigend empfunden werden. Pipi wird jetzt nur noch im Notfall im Freien ohne eine Toilette gemacht, und dann nur nach einigen tarnenden Vorkehrungen. Zuhause wird die Toilettentür hinter sich geschlossen. Sie sollten daran denken, daß für manche unverschließbare Kindergartenklotüren ein Greuel sind. Selbst das Ausziehen für ein Bad oder zum Duschen kann hinter geschlossenen Türen stattfinden (während interessanterweise das Baden oder Duschen selbst weiterhin problemlos mit vertrautem Publikum oder sogar gemeinsam ablaufen kann). Unter Freunden wird meist noch bis ins Grundschulalter nackt herumgetollt, kommen jedoch Fremde dazu, kann man mitunter beobachten, daß eine Hose nach der anderen angezogen wird.

Völlig egal, wann diese Anzeichen beginnender Scham beobachtet werden, sie sollten immer als eindeutiges Entwicklungssignal verstanden und akzeptiert werden. Und konsequent eine Verhaltensänderung nach sich ziehen. Spott oder die Ermunterung, sich doch nicht so zu haben, die Scham als unnötig oder unangebracht einzustufen, sind falsche Reaktionen der Erwachsenen. Dezenter Rückzug, Verständnis und Respekt für diese Intimitätswünsche sind angebracht. Offensichtlich stören jetzt die Blicke fremder Menschen, später dann auch die Blicke und körperlichen Manipulationen von Familienmitgliedern, wenn man nackt ist oder sich nackt fühlt oder sich auch nur nicht richtig angezogen fühlt. Jetzt empfinden Kinder es als unangenehm, als verletzend, jemandem nackt gegenüber stehen zu müssen oder bei einer intimen Tätigkeit beobachtet werden zu können. Ab jetzt wollen sie ihren Po nicht mehr geputzt bekommen, an- oder ausgezogen werden, sondern wollen es selbst machen. Das ist auch richtig so. So geht es irgendwann allen Kindern. Das ist ganz normal. Den kindlichen Körperwünschen entgegengebrachter Respekt läßt sie ihren Körper als schützenswert erleben, ein wesentlicher Baustein für späteres Körperbewußtsein.
Lange glaubte man, daß sich die Einstellung zur Nacktheit in den ersten Lebensjahren nur deshalb ändern würde, weil alle Älteren dann das kleine Kind spüren lassen würden, daß Nacktsein nur etwas für Babys sei. Für große Kinder wie sie sei es nicht das Richtige, sie sollten deshalb in ihrem Alter nicht mehr nackt herumspringen, wenn sie die häusliche Umgebung verlassen und in die Öffentlichkeit gehen. Heute weiß man, daß solche Erfahrungen für die Änderung im Verhalten gar nicht nötig sind. Zur gleichen Zeit, wenn der Körper heranreift, reift auch das Schamgefühl, der Wunsch bestimmte Körperstellen

und Körperfunktionen vor den Blicken anderer zu schützen. Vielleicht haben Sie schon beobachtet, daß Mädchen in diesem Alter anfangen, beim Sitzen ihre Beine geschlossener zu halten. Und das ist überall auf der Welt so. Mit was man seine „Scham“ bedeckt, ist dann von Kultur zu Kultur unterschiedlich. In manchen Gegenden reichen symbolische Lendenschnüre, manchmal eine Peniskalebasse oder ein Baströckchen, bei uns dagegen müssen es Stoffhose, Rock und Oberteil sein, um zu verhindern, daß uns das Zusammentreffen mit anderen peinlich wird. Ab einem bestimmten Alter ist Scham etwas ganz Natürliches, etwas ganz Normales und etwas ganz Wichtiges. Die Scham stellt einen natürlichen Schutz dar vor nicht mehr kontrollierbaren Auswirkungen provokant oder erregend erlebter Nacktheit. Die Scham hilft, den für die Sexualität wichtigen Intimitätsbereich aufzubauen. Erst wieder der Mensch, den man liebt, darf einen unbedeckt und ungeschützt sehen und erleben.

Respekt vor dem kindlichen Körper betrifft aber nicht nur den Umgang mit der beginnenden Scham. Unter der mit Absicht provokant gewählten Überschrift

„Mein Körper gehört mir!“

sollen noch einige Punkte zum Nachdenken angesprochen werden.

„Mein Körper gehört mir, lieber Spielkamerad!“:

Bisher haben wir oft das Interaktionspaar erwachsene Person und Kind im Auge gehabt. Werfen wir doch jetzt einmal einen Blick auf das Verhältnis der Kinder untereinander.

Stellen Sie sich vor, zwei Freunde kämpfen so richtig toll im Spiel miteinander und balgen sich ineinander verknuddelt am Boden. Plötzlich wird es einem von beiden zu viel. Er kann nicht mehr richtig atmen, der andere liegt nämlich schwer auf ihm, sein linkes Bein ist eingeklemmt, soeben wurde er aus Versehen mit dem Fingernagel an der Wange gekratzt, und jetzt tut plötzlich auch noch der ganze Kopf weh. Er schreit: „Hör auf, es tut weh. Bitte, Schluß! Ich kann nicht mehr, ich habe keine Lust mehr!" Hoffentlich reagiert der Freund jetzt richtig und respektiert den Wunsch, denn sonst fängt der Eingeklemmte aus Angst an, sich richtig zu wehren und seine Schläge und Tritte werden viel herber, als er es vielleicht möchte. Denn er will, er muß einfach raus aus dieser blöden, ängstigenden Situation. Auch zum Spielen und Sichbalgen darf man nicht gezwungen werden, dann wird aus Spiel Ernst, und die ganze schöne Stimmung ist vorbei.

Wenn etwas anfängt wehzutun, keinen Spaß mehr macht, die Lust vergangen ist, dann muß die betroffene Seite ein klares Stop signalisieren, das von der Gegenseite schnell beachtet werden muß.

Das sind ganz wichtige Spielregeln, die Kinder beim Zusammensein lernen müssen. Anfangs brauchen sie hierbei Hilfe. Beim einen muß das Stopsignal verstärkt werden, der andere muß zum Einstellen der nicht mehr gewollten Aktivitäten ermuntert werden. Die Spielregeln des sozialen Miteinanders werden um so schneller verstanden und respektiert, wenn man weiß, daß jeder immer das Recht hat, sich und seinen Körper gegen Unlust, Gefahr und Schmerz zu schützen. Daß jeder, was seinen Körper betrifft, die Grenzen selbst setzt. Die Sandra darf man nicht an den Kleidern ziehen und festhalten, Timor und Sabrina mögen es nicht, wenn man sie zu sehr bedrängt und absichtlich immer dichter aufrückt. Man hält sich viel eher an diese Abmachung, wenn man am eigenen Leib erfahren hat, daß diese Regel auch eingehalten wird, wenn man sie selbst dringend braucht, weil eine höchst unangenehme Situation beendet werden soll.

„Mein Körper gehört mir, liebes Tantchen, lieber Onkel!":

Wenn Eltern und Geschwister mit einem Säugling oder Kleinkind schmusen, hört man oft die Großen turteln „Oh, Anjuscha, gib doch der Mama ein Küßchen, so ein süßes, so ein kleines, oh, bitte!" Anfangs, wenn die Kleinen dieses Schmusespiel gerade begriffen haben, die nachfolgende Knuddelbelohnung und das Lachen mit ihrer Kußaktion in Verbindung bringen konnten, teilen sie ihre Küsse recht freigiebig aus, um das allseits begeisternde Spiel am Laufen zu halten. Doch dann wird ihnen der Wert eines verschenkten Kusses bewußt, und sie beginnen, spitzbübisch lächelnd, damit zu geizen. Ein bißchen Machtgefühl über die Großen, ein bißchen Selbstmanagement über den eigenen Körper! Noch etwas weiter auf der Entwicklungsskala küssen Kinder nur noch, wenn ihnen danach ist, und auch küssen lassen sie sich keineswegs von jedem oder gar immer. Genau diese Entwicklung nicht nur zu akzeptieren, sondern sogar gutzuheißen, sie zu unterstützen, indem das Kind in seiner Weigerung bestätigt und in Schutz genommen wird, das bedeutet, Respekt vor einem Kind und dem kindlichen Körper zu haben.

Küßchen und Zärtlichkeiten darf es nicht auf Kommando geben, als abgeforderte, einklagbare und damit abgewertete Bedankungsform, mit der, wenn auch nicht direkt ausgesprochenen, so doch dahinter stehenden Begründung, im Gegenzug etwas geschenkt oder sonst irgendwie Gutes getan zu haben. Diese Argumentation ist nicht mehr weit von der Aussage entfernt, man solle sich doch nicht so haben, Küssen und Streicheln seien ja wohl nichts Schlimmes und auch nichts Besonderes.
Hier ist Erziehung zum Neinsagen angesagt, und zwar zum Neinsagen gegenüber Erwachsenen. Jeder Mensch, und so auch jedes Kind, hat immer das Recht, sich und seinen Körper gegen Unlust, Gefahr und Schmerz zu schützen. Jeder setzt, was seinen Körper betrifft, die Grenzen selbst. Die eigenen Gefühle sind hier ausschlaggebend. So zeigt sich z. B. die Qualität eines Kinderarztes oder einer Kinderärztin auch beim respektvollen und dennoch kompetenten Umgang mit dem kleinen Patienten.

„Mein Körper gehört mir, liebe Industrie!“:

Und wenn wir schon bei diesen Themen sind: Wie stehen Sie denn zum Phänomen Kinderkosmetik, einer Idee zur Vergrößerung des Absatzmarktes kosmetischer Produkte durch drastische Herabsetzung des Konsumentenalters?
Es gibt viel dazu zu sagen, doch möchte ich mich hier auf den Aspekt Kosmetik und Sexualentwicklung im Kindesalter beschränken. Die dekorative Kosmetik – hierzu werden

Lippenstift, Lidschatten, Eyeliner, Rouge etc. gezählt –, ursprünglich für Erwachsene konzipiert, dient der Betonung sexueller Signale, der Lippen, der Augen, der Wangenknochen. Die dahinter stehende Absicht ist immer dieselbe, nämlich die Steigerung des persönlichen Ausdrucks und der Attraktivität durch junges und gepflegtes Aussehen. Jetzt gibt es diese Schönheitsmittel auch speziell für Kinder. Gesundes und gutes Aussehen sind für Kinder noch keine Werte an sich. Jugend und deren Erhaltung sind verständlicherweise nicht ihre Ziele, im Gegenteil; wenn sie sich hierzu überhaupt Gedanken machen, dann wird erwachsen werden angestrebt. Das heißt jetzt aber nicht, daß sich Kinder nicht gerne schminken, das machen sie begeistert, um jemand oder etwas anderes darzustellen oder um für kurze Zeit auszusehen wie die Erwachsenen. Privilegien des Erwachsenenstatus werden kurzfristig ausgeliehen, um in eine andere Rolle zu schlüpfen.

Ein regelmäßiges Benutzen dieser Insignien der großen Welt würde ihnen ihre kindgemäße Bedeutung und den Reiz des Besonderen, vielleicht sogar des Verbotenen nehmen.

Eine zeitliche Vorverlegung dieses Erwachsenenverhaltens entspricht nicht den kindlichen Schminkintentionen. Außerdem, und genau hier liegt das Hauptproblem, erhöht diese Vorverlegung die Gefahr sexuellen Mißbrauchs, da optisch sexuelle Reife und somit sexuelle Bereitschaft signalisiert werden, was den das kindliche Spiel begleitenden Gefühlen in keiner Weise entspricht. Die Konsequenzen aus dieser gefälschten Signalgebung zwischen einem un-

beabsichtigt Sendenden und einem mißverstehenden Empfänger können eine Katastrophe sein.
Bedauerlicherweise kokettieren die Medien bisweilen mit diesem „Lolita-Effekt". Gemachte Kinderstars tragen dazu bei, dieses problematische Entkoppeln von sexueller Ausstrahlung und sexueller Reifung sowie sexueller Erregbarkeit salonfähig zu machen – ein Unterhaltungsphänomen, das nicht abzuschätzende Risiken und psychische Schädigung in Kauf nimmt.

Anregungen für die Arbeit mit den Eltern

Der Schutz vor Mißbrauch gehört heute zu unseren verantwortungsvollsten Erziehungsaufgaben, die von der Familie und allen familienergänzenden Einrichtungen übernommen und als ihre Verpflichtung gesehen werden muß. Das traurige Wissen über das lebenslange Leiden sexuell mißbrauchter Kinder zeigt uns, daß die früher geltenden Regeln:

- von Fremden nichts anzunehmen,
- mit Fremden nicht mitzugehen,
- vor allem in kein fremdes Auto zu steigen,

weder ausreichend sind, noch den Kern der Gefahr erfassen.
Die potentiellen Täter sind selten fremd, die Katastrophe passiert selten weitab von Zuhause, irgendwo in der Fremde.

Aus den Ergebnissen und Auswertungen vieler Untersuchungen können heute einige zentrale Bestandteile eines Präventionsansatzes für Kinder zum Schutz vor sexueller Gewalt dargestellt werden:

❑ Die *Erziehung zum Neinsagen* auch Erwachsenen gegenüber wurde als die wirksamste Mißbrauchprophylaxe erkannt. Hierzu gehört die ausdrückliche Betonung des Rechtes, „Nein" zu sagen, wenn ein Kind irgend etwas, was mit seiner Person geschieht, nicht möchte. Diese Erfahrung steht der oft noch üblichen Vorstellung, daß ein Kind generell nicht zu widersprechen hat, klar entgegen, so daß wir bewußt diese zumeist noch selbsterfahrene erzieherische Forderung – zumindest in ihrer Undifferenziertheit – ablegen müssen. Ein Vorgang, der sich übrigens nicht nur im Hinblick auf sexuellen Mißbrauch zu überdenken lohnt;

❑ ein *altersangepaßtes Selbstbestimmungsrecht* über den eigenen Körper, wobei den Erwachsenen selbstverständlich weiterhin die Schutzverantwortung obliegt. Wir haben diese Problematik unter dem Gesichtspunkt, kindliche Wünsche nach eigener Körperhoheit und Selbständigkeitsbestrebungen, auch im Zusammenhang mit der kindlichen Scham, kurz unter Respekt vor dem kindlichen Körper besprochen. Hierzu gehört auch die Erlaubnis, unangenehme oder schmerzhafte Berührungen und Manipulationen abzulehnen. Diese Erlaubnis ist nicht getrennt zu sehen vom verantwortungsvoll zu pflegenden Vertrauen zu den Bezugspersonen, wichtige und z. B. gesundheitlich notwendige Maßnahmen im festen Glauben an deren Loyalität dennoch durchführen zu lassen;

❑ die *Erfahrung eigener Gefühle als Maßstab des Handelns*, so könnte man den nächsten wesentlichen Punkt umschreiben. Kinder sollen erleben, daß ihre Gefühle und Empfindungen ernstgenommen werden. So lernen sie, ihre eigenen Gefühle in verschiedenen Situationen wahrzunehmen, ihnen zu vertrauen (sichere Eigenwahrnehmung) und sie auch ausdrücken zu können. Letzteres bedeutet zweierlei: sich dies zu trauen und hierzu auch kommunikativ in der Lage zu sein. Eine Situation, die ihnen komisch, unangenehm oder ängstigend vorkommt, wird, wenn man mit diesen Kompetenzen ausgestattet ist, zweifelsfrei als komisch, unangenehm oder ängstigend eingestuft, was sofortiges Handeln zur Folge hat oder haben kann;

- ❑ die *Unterscheidung zwischen „guten" und „schlechten" Geheimnissen* und die ausdrückliche Erlaubnis, „schlechte" Geheimnisse trotz eines Schweigegebotes zu erzählen. Das ist eine schwierige Differenzierung, die Kinder theoretisch meist überfordert. Hier muß mit Beispielen gearbeitet werden.[3]
„Gute" Geheimnisse machen Spaß, sie will man behalten; „schlechte" Geheimnisse machen schlechte Gefühle oder Angst, man will sie gar nicht haben. Die Kinder müssen folgendes verstehen und verinnerlichen: Jemandem ein Geheimnis aufzwingen darf man nicht, das ist dann kein gemeinsames Geheimnis, sondern eine gemeine Drohung! „Schlechte" Geheimnisse dürfen nicht geheim gehalten werden. Die darf und muß man Menschen, denen man vertraut, erzählen, damit sie schnell eingreifen und helfen können. Jedem Kind, das seine Sorgen äußert, wird geholfen, ein solches Angstgeheimnis verschwinden zu lassen. Jedes Kind hat das Recht, sich Hilfe zu holen.

Sicher haben Sie bereits mit Erleichterung festgestellt, daß bei einer Sexualerziehung in unserem Sinne alle diese Präventionspunkte nicht völliges Neuland sind, sondern bereits in einem anderen Zusammenhang in ihrer wichtigen pädagogischen Bedeutung erkannt und besprochen worden sind.

---

[3] Siehe Seelmann, K., Haug-Schnabel, G.: Woher kommen die kleinen Jungen und Mädchen. Ein Buch zum Vor- und Selberlesen. Ernst Reinhardt, München 1996.

7. Was verunsichert uns Erwachsene an kindlicher „Sexualität"?

Kinder und Sexualität, irgendwie paßt das in der Vorstellung vieler Erwachsener nicht so richtig zusammen, zumindest nicht komplikationslos. Und dann auch noch Säuglinge und Sexualität: Beim Stillen, Baden, Wickeln, Tragen und Schmusen sind schon bei Säuglingen gelegentlich reflexartige Sexualerregungen wie die Erektion des kleinen Penis oder eine stärkere Durchblutung der Schamlippen zu beobachten. Wie Ultraschallaufnahmen beweisen, funktionieren diese sexuellen Reflexe sogar schon pränatal, also bereits vor der Geburt. Daß sie bei Säuglingen in wohligen Situationen zu beobachten sind, läßt sich dadurch erklären, daß Berührung und Wärme Reize darstellen, die Informationen an das Gehirn weitergeben, die als angenehm empfunden werden und dadurch eben diese in diesem Alter bereits funktionsfertigen Sexualreflexe auslösen. Das ist noch kein sexuelles Erwachen der Erotik, sondern es handelt sich um die zu diesem frühen Zeitpunkt bereits ausgereiften typischen körperlichen Anzeichen für angenehme, befriedigende Empfindungen im Bereich von Zärtlichkeit und Wohlbefinden.

Die Reaktionen der Eltern auf diese frühkindlichen Sexualreflexe, die sich infolge besonders wohliger Situationen und nicht auf sexuelle Reize hin einstellen, sind bereits Teile der Sexualerziehung. Entdeckt das Kind in einer als zärtlich und wohlig empfundenen Situation plötzlich Erschrecken, Ekel oder Mißbilligung im Gesicht von Mutter oder Vater und wird es womöglich mit Zuwendungsentzug bestraft, so verknüpfen sich seine angenehmen körperlichen Gefühle erstmals mit Unbehagen, wenn nicht sogar mit Angst. „Mit meinem guten Gefühl scheint irgend etwas nicht in Ordnung zu sein.“ Eine verunsichernde Wahrnehmung. Bleibt beim Auftauchen der Sexualreflexe der Umgang mit dem Kind weiterhin unbeeinflußt liebevoll, bewahren die Eltern das Baby vor Negativassoziationen und lassen positive, kindliche Erfahrungen beim körperlichen Wohlbefinden zu. Voraussetzung für diese ungestörte Entwicklung ist, daß der verantwortungsbewußte und respektvolle Umgang mit dem Kind weder zu einer Hemmung noch zu einer Stimulierung der Erstanzeichen kindlicher Sexualität führt.

Aber was ist es, was uns Erwachsene an kindlicher „Sexualität“ verunsichert?

Ich will versuchen, diese Frage mit Beispielen zu beantworten: Mona geht mit hochhackigen Schuhen (dadurch wackelndem Hintern), Perlenkette, Parfümduft, Lippenstift und Handtäschchen zur Wohnungstür: „Lebt wohl, ihr Lieben! Ich muß dann wohl in die Kanzlei. Bis heute nachmittag, Tschüüüüß!“ – Jeder Eingeweihte erkennt trotz Übertreibung Mamas täglichen Abgang und findet das Mädchen goldig. Frederick wirft sich mit einem Seufzer in den Sessel, legt die Füße auf den Couchtisch, setzt die Brille auf, zündet seine Pfeife mit viel Ziehen und Schmatzen an und verschwindet hinter der Zeitung. „So, jetzt braucht der liebe Papa seine wohlverdiente Ruhe!“ Alle lachen, vor allem Mama. Klein-Mona und Klein-Frederick liegen auf dem Sofa aufeinander, rollen mit den Augen und streicheln sich hingebungsvoll, genauso wie sie es in der Fernsehzeitschrift gesehen haben. Wenn diese Parodie aus der Erwachsenenwelt zu Hause stattfindet, werfen sich Mama und Papa einen vielsagenden Blick zu, grinsen, fragen: „Ja, was macht ihr denn da?“, ignorieren, allerdings weiterhin

mit höchster Aufmerksamkeit, das Geschehen („Die sind ja hoffentlich bald fertig!") oder versuchen durch ein mehr oder weniger geschicktes Ablenkmanöver zu einer anderen Aktivität zu motivieren – je nach eigener innerer Einstellung.
Die Zeiten und die Erziehungsvorstellungen haben sich geändert; eine Szene, wie die zuletzt dargestellte, wäre vor einigen Jahren mit weit mehr Aufregung und weniger Verständnis und Akzeptanz zur Kenntnis genommen und sicher schneller unterbunden worden.
Was dennoch bleibt, ist ein verunsicherndes Gefühl. Oder würde dieses Sie nicht beschleichen, wenn sich diese oder eine ähnliche Szene in Ihrer Kindergartengruppe abspielen würde und die Schar der staunenden Zuschauer und begeisterten Kommentatoren ganz schnell ganz groß wäre? Würden Sie nicht verdächtig häufig zur Türe blicken, ob womöglich gerade jetzt eine Mutter oder der „Träger" vorbeikommen würde? Was würden die denken, was würde man selbst sagen?
Der Situation angemessen, nämlich völlig ruhig und sicher, wie man reagieren würde, wenn gerade jetzt in der zur Hexenkochstelle umgewandelten Puppenküche Tässchen mit Gift verteilt und die ersten drei Opfer schwer angeschlagen herauswanken würden oder – noch dramatischer – es anläßlich eines Piratenüberfalls eben mal zwei Tote gegeben hätte, so souverän kann man in „sexualitätsangehauchten" Szenen nur dann reagieren, wenn man sich bereits einige klärende Gedanken speziell hierzu gemacht hat. Die Kinder spielen „Sex", nichts anderes passiert hier, und nichts anderes gilt es, den Eltern zu erklären, vielleicht am besten mit unseren Beispielen: Kein Mensch käme auf die Idee, daß der Wunsch nach mörderischer Aggressivität und verbrecherischem Handeln die Kinder zu dieser martialischen

Themenwahl gebracht hätte und sie nun im Blutrausch gefährden, verletzen und töten würden – zumindest in Gedanken. Hier erkennt jeder, daß zweifelsfrei „nur" gespielt wird. Die Reaktion Erwachsener wird ein spielerisches Auffangen der Giftopfer und Toten sein und ein interessiertes Verfolgen des weiteren Fortgangs des spannenden Geschehens; auf alle Fälle: Ja nicht stören!
Im Gegensatz dazu tauchen bei „Sexthemen" leicht Ängste oder wenigstens Unsicherheiten bezüglich der richtigen, nämlich für die Kinder verantwortungsbewußten, für uns und unsere Umgebung angebrachten Reaktion auf. Aber hier wird genauso „nur" gespielt, und zwar auch hier etwas, was irgendwo gesehen oder gehört wurde, was als spannend – nicht zuletzt, weil es aus der Erwachsenenwelt stammt – eingespeichert wurde und nun bei passender Gelegenheit mit Phantasie angereichert durchgespielt wird. Mit sexueller Erregung und ungebremster geschlechtlicher Lust hat die Bettszene so wenig zu tun wie die anderen Beispielsszenen mit Mordlust und Totschlagbereitschaft. Erklären Sie doch den Eltern, daß uns diese Gruselszenen deshalb nicht peinlich sind, weil wir in ihnen keine Verbindung zu uns sehen, sie ganz weit von unserem Leben und Erleben entfernt sind und wir in dieser Richtung mit Sicherheit keinerlei Bedürfnisse und Sehnsüchte haben. Daß nun wiederum unsere Einstellung zur Sexualität erfreulicherweise eine grundlegend andere ist, darf uns nicht dazu verleiten, entsprechende kindliche Spielszenen vor unserem Erfahrungs- und Erlebenshintergrund zu sehen und entsprechend anders als alle anderen Spiele zu bewerten. Die emotionale Beteiligung der Kinder ist in allen Beispielszenen dieselbe: Sie ist hoch, wenn das Spiel Spaß macht, die richtigen Kinder mitspielen und man seine eigenen Ideen einbringen kann; niedrig, wenn man nicht so gut drauf ist, nicht die Rolle

bekommen hat, die man haben wollte, wieder mit dem blöden Soundso spielen muß und womöglich gleich die doofe Aufräumerei beginnt. Sexuelle Lust, Erotik, die Triebkomponente der Sexualität gehören allein in die Zeit nach der Pubertät, ins Erwachsenenalter. Sie lassen alles „Sexuelle" in einem anderen Licht erscheinen. All diese Emotionen kennen nur wir, sie sind ein Grund für unsere „Befangenheit", wenn körperliche Liebe gespielt wird. Für die Kinder sind sie spannende Spielthemen wie viele andere, ein bißchen spannender vielleicht, weil die Erwachsenen irgendwie ein bißchen anders darauf reagieren. Tun sie das aber nicht, sondern lachen, schauen kurz gespannt zu und machen ihre Aktivitäten weiter, bekommen diese Spiele auch keine Überbewertung, die ihnen gar nicht zusteht. Denken Sie doch an den Gebrauch „schlimmer" Worte, die nur deshalb eine Zeitlang so häufig benutzt und in den unmöglichsten Situationen zum Test eingesetzt werden, weil wir Erwachsenen durch unsere Reaktion weniger zum Ausdruck bringen, daß uns diese Worte nicht gefallen und warum nicht, als daß wir vermitteln, daß es sich um „schlimme" Worte handelt und sie dadurch unbeabsichtigt „aufwerten".

Doktorspiele, „miteinander schlafen, aber nicht richtig schlafen mit geschlossenen Augen, sondern so wie Große, die sich lieben", und Kinderkriegen, das sind Spiele, die eine Zeitlang in Mode sind wie Geheimsprache, auf Stelzen laufen, Räuberbanden gründen und Freundschaftsbänder knüpfen. Das Kinderkriegen macht übrigens in dieser Reihung der besonderen Spiele die wenigsten Zuschauschwierigkeiten: weil hier die sonst mit Skepsis vermutete erwachsene Lustkomponente mit Recht ausgeschlossen wird. Werden die besonderen Spiele gleich behandelt wie alle anderen und erhalten vergleichbare Aufmerksamkeit, bleibt ihr Schockiergewinn gering. Dann ist ihre große Zeit gar nicht so lange, ihre Attraktivität läßt recht schnell nach. Denn viele Szenarien sind für dieses Alter viel variationsreicher und ausbaufähiger zu spielen als „Lieben“ und „Kinderkriegen“.

Doktorspiele macht wohl jedes Kind im Kindergartenalter gern. Den eigenen Körper, aber auch den des Freundes oder der Freundin genau betrachten, überall befühlen und in aller Ruhe auskundschaften, ist genauso schön und spannend, wie eingecremt oder bandagiert zu werden, im Spiel eine Spritze zu bekommen oder Fieber zu messen. Mit seinem Körper oder dem der anderen kann man spielen wie mit einem Ball, wie im Sand oder mit Bausteinen. Sich mit Fingerfarben bemalen, sich naß auf Sand wälzen, um wie paniert auszusehen, sich mit Creme betupfen, all das macht Spaß. Und was ist die Aufgabe der Erwachsenen hierbei? Sie sollen sich zurückziehen, meinen zumindest die Kinder – und das meine ich auch. Häufig kommen diese Spiele im Kindergarten nicht vor, denn Doktorspiele macht man am liebsten im kleinen, auserwählten Kreis, keineswegs mit jedem, wenn möglich hinter verschlossenen Türen und ohne Störung zu Hause. Das ist soweit auch in Ordnung, vorausgesetzt,

- alle Auserwählten wollen mitspielen,
- es wird nur so lange gespielt, solange alle Spaß daran haben und niemand Angst bekommt,
- kein Kind wird zu irgend etwas gezwungen, was es nicht tun möchte (wieder die Sache mit dem Neinsagen!),
- es ist ein Spiel unter vielen verschiedenen Spielen, die gespielt werden.

Doktorspiele im Kindergarten sind kurz, die Rollen, Doktor und PatientIn, wechseln in einer Spielszene häufig. Die potentiell recht große Zuschauermenge

mindert den Spielgenuß, der offensichtlich zu seiner vollen Entfaltung eine gewisse Intimität braucht. Zumeist genügt ein kurzer Blick, ob sich alle wohlfühlen in ihrer nackten Haut. Wenn ja, ist alles o.k.; dann vielleicht noch ein Blick auf die Zuschauer, ob da sich auch keine Angst zeigt, die aufgefangen werden sollte. Fühlt sich ein Kind jedoch sichtlich unglücklich oder durch die Situation überlastet, sollte es möglichst schnell herausgelöst und das Spiel spielerisch abgebrochen werden, ohne daß schlechtes Gewissen unter den Akteuren aufkommt. Jetzt bietet es sich an, in absehbarer Zeit gemeinsam ein Kinderbuch zu Körperbauunterschieden anzuschauen oder Mädchen- und Jungenpuppen mitbringen zu lassen, um die Normalität der Unterschiede hervorzuheben.
Sind die wichtigsten äußerlichen Unterschiede zwischen Jungen und Mädchen hinreichend bekannt, alle Körperbereiche in Ruhe angesehen und auch mal befühlt, werden Doktorspiele, so attraktiv sie auch kurzzeitig waren, wieder uninteressant. Hier kann man mitunter eine äußerst spannende Entwicklung beobachten: Wird eine Zeitlang der Vorschlag zum Doktorspiel begeistert aufgegriffen, so ändert sich das im Laufe der Zeit, die Faszination läßt nach, es gibt wieder anderes, Spannenderes, und schließlich werden Kinder, die immer noch Doktorspiele „über die Zeit hinaus“ vorschlagen, ignoriert, manchmal belächelt, mitunter sogar deshalb gehänselt. Die soziale Kontrolle unter den Gleichaltrigen (wohlgemerkt auch ohne Zutun der Erwachsenen) beginnt zu wirken, ein gruppenregulatives Moment, das Entwicklungstrends und sich verändernde Bedürfnisse widerspiegelt.

Und wenn wir gerade dabei sind: Wie ist denn die *Kleinkindonanie* einzuschätzen und zu verstehen? Jungen und Mädchen berühren ihre Geschlechtsteile wie alle anderen Bereiche ihres Körpers, sobald sie die dazu nötige motorische Koordinationsfähigkeit entwickelt haben. Ab dem dritten, vierten Lebensmonat kann ein versonnenes Lächeln oder Girren auftreten, wenn Säuglinge ihre Genitalien berühren; dieselben Reaktionen finden sich auch beim Spiel mit dem eigenen Fuß oder der eigenen Hand oder beim Berühren des nackten Bauches. Irgendwann entdecken die meisten Kinder, daß das gezielte Streicheln und Reiben der Geschlechtsorgane ein besonders schönes Körpergefühl verschafft. Ohne die rückmeldende Reaktion von Erwachsenen oder anderen Kindern stimulieren sich kleine Kinder ganz ungeniert. So kann man im Kindergarten oder auf Spielplätzen ab und zu beobachten, daß ein Kind inmitten der anderen sitzt und gedankenverloren sein Geschlechtsteil berührt oder an einer Tischecke reibt. Unter Kleinkindern stört sich keines daran. Ich habe schon mehrmals beobachtet, daß kleine Kinder ihre Spielaufforderung oder sonstige Bitte an ihren onanierenden Freund kurz zurückstellten und warteten, bis dieser fertig war, und dann ihr Anliegen vorbrachten, als wäre der andere eben durch Naseputzen oder intensives Nachdenken verhindert gewesen. Scham und Hänseleien kommen erst mit 5 oder 6 Jahren auf. Erst durch die Reaktionen „von außen" lernt ein Kind die Selbstbefriedigung als eine Aktivität kennen, die recht gegensätzlich bewertet werden kann und sich eher fürs stille Kämmerlein und Alleinsein eignet. Trotz unzähliger Nachweise, daß Kleinkindonanie weder gesundheitlich noch seelisch schädlich ist, haftet ihr immer noch der Geruch des Suspekten aus pädagogisch dunklen Zeiten an, Verblödung und Rückenmarkserweichung fallen einem automatisch ein. So normal und häufig Selbstbefriedigung ist, sie gehört nicht notwendig zur Entwicklung eines Kindes. Manche Kinder onanieren nie und tun sich spä-

ter mit dem Lustempfinden auch nicht schwerer. Die Onanie ist also kein nötiges Übungsmittel zum Kennenlernen der Möglichkeiten des körperlichen Lustgewinns. Beobachtungen deuten darauf hin, daß die sexuelle Selbstreizung für Kinder eine andere Bedeutung zu haben scheint als für Erwachsene: Vieles spricht dafür, daß Kinder sich durch Selbststimulation fast immer beruhigen – und nicht erregen, wie das Erwachsene in den meisten Fällen tun. Kleinkinder masturbieren nämlich oft nach Situationen, in denen sie aufgeregt, durcheinander und überfordert waren, ganz typisch, wenn sie z. B. abends nicht einschlafen können. Sie setzen körperliche Wohlgefühle gezielt zur eigenen Beruhigung ein.
Andauernde, über längere Zeit mehrmals tägliche Onanie ist für ein verhaltensgesundes Kind untypisch. Die immer wieder gesuchte Körperlust kann dann ein Hinweis auf Beeinträchtigungen in anderen Verhaltensbereichen sein, ein Ersatz für fehlende andere befriedigende Erfahrungen. Mangel an Beschäftigungsmöglichkeiten, wenig zugewandte Bestätigung, überhaupt wenig erlebnisverschaffende Kontakte machen aus sexueller Selbstreizung statt *einer* Möglichkeit unter vielen *die einzige* Möglichkeit zur Befriedigung. Der ihr innewohnende Belohnungswert ist für ein Kind, dem seine Umwelt Möglichkeiten der eigenen Aktivität und Kontakterfahrungen vorenthält, künstlich überhöht.
Bei stark deprivierten oder geistig behinderten Kindern ist extreme Selbstbefriedigung nicht selten. Das Versunkensein in angenehme Beschäftigung läßt sie rauschartig andere Empfindungen aus dem Bewußtsein verdrängen.

Anregungen für die Arbeit mit den Eltern

Für alle in diesem Kapitel beschriebenen Themen ist Elternarbeit immens wichtig.

Die Eltern wollen und müssen wissen, wie der Kindergarten mit den Ausdrucksformen kindlicher Sexualität umgeht.

Und es wird auch sicher ein Anliegen von Ihnen sein, im großen Spektrum der individuellen Reaktionen möglichst viel Übereinstimmung zwischen Elternhaus und Kindergarten zu schaffen.
Der Text sowie die Beispiele dieses Kapitels sind mit Bedacht so gewählt, daß sie sich direkt als Vorbereitung und Gliederungsgerüst für einen Gesprächsabend mit interessierten Eltern eignen.

So bleibt uns hier etwas Raum, noch einige Worte zu dieser pädagogisch äußerst anspruchsvollen Zeit der Nacktheit, der „Liebes"- und Doktorspiele sowie der Kleinkindonanie zu sagen. Jetzt wird diplomatisches Geschick von Eltern und ErzieherInnen verlangt:

- Einerseits sollten sie jetzt langsam beginnen, dem Kind ein „sozial-adäquates Betragen in Sachen Sexualität" beizubringen, um ihm die soziale Einpassung in unsere Kulturwelt zu erleichtern und um es zu schützen,
- und andererseits sollten sie auch in dieser Zeit ganz bewußt versuchen, dem Kind seine zwanglose Freude an seinem Körper nicht durch Verbote und Mißbilligungsäußerungen zu nehmen!

Zum ersten Teil der nun anstehenden Aufgabe gehört recht viel Geschick und Einfühlungsvermögen, um dem Kind vermitteln zu können, daß es bei uns eben nicht üblich, nicht schicklich und auch nicht ungefährlich ist, überall in der Öffentlichkeit seinen nackten Körper oder gar seine Genitalien und Manipulationen daran zu zeigen. Das Kind sollte sich trotz dieser eindeutig einschränkenden Aussagen nicht vor den Kopf gestoßen fühlen, kein schlechtes Gewissen bekommen oder gar durch die detaillierte Darstellung durchaus drohender Gefahren in Angstzustände versetzt werden.
Für den zweiten Teil der Aufgabe – die Erhaltung einer weiterhin ungestört positiven Sicht der kindlichen Körperlichkeit – kann heute klar formuliert werden, daß in der massiven Unterdrückung sexuellen Explorierens, indem z. B. dererlei Handlungen mit Verboten und Strafen belegt werden, die Ursache für spätere Sexualprobleme liegen kann.

Als zusätzliches Problem kommt – oft unbedacht – noch hinzu, daß genau in diesem Alter auch die Bemühungen der Sauberkeitserziehung, falls sie noch nicht erfolgreich waren, ihren Höhepunkt erreichen werden. Bei all den sich im Alltag leicht vermischenden Anforderungen an das Kind läuft dieses Gefahr, „alle Probleme seines Unterleibs in ein Töpfchen zu werfen“. Der Ausruf „Pfui, das ist bähbäh!“ und die Zurechtweisung, „da unten sollst du dich nicht anfassen!“, können beim Kind gemeinsam ins selbe Ohr gelangen und zu der Annahme führen, seine Geschlechtsteile seien schmutzig und nicht anfaßbar, da ihm diese Informationen während des Töpfchentrainings ohne dringend notwendige Differenzierung vermittelt werden.

8. Hilf mir, ich werde ein Mädchen! Hilf mir, ich werde ein Junge!

„Alles recht und schön, aber zum Mädchen oder Jungen wird man nun wirklich ganz von allein. Alles hierfür Nötige ist einem ja zur Sicherheit bereits bei der Geburt mitgegeben. Da kann dann eigentlich kaum mehr etwas schiefgehen."

Diese Aussage stimmt natürlich – im Prinzip, zumindest was die Organe betrifft! Die Scheide mit den Schamlippen und der Penis mit den Hoden werden im Laufe der Zeit wachsen, der Busen wird kommen, ebenso die breiten Schultern und die Haare auf der Brust. Und auch im Innern nimmt alles – durch die Hormone gesteuert – seinen unvermeidlichen Lauf.

Doch zum Mädchen- oder Jungesein sowie dann zum Frau- bzw. Mannwerden gehört bedeutend mehr als die jeweils passenden primären und sekundären Geschlechtsorgane auf dem jeweils richtigen Entwicklungsstand zu haben. Zur Frau oder zum Mann wird kein Mensch nur mit seinem Körper, sondern auch mit dem Kopf, mit seinen Gefühlen und Empfindungen, mit seinem ganzen Körpergefühl, mit seinen Vorstellungen über das eigene Erscheinungsbild und Auftreten, mit seinen Phantasien und – nicht zuletzt – mit seinen Wünschen. Sich mit seinem Geschlecht nicht nur abzufinden, es zu tolerieren, sondern es akzeptieren zu können, es sogar gutzuheißen, vielleicht sogar als besondere Lebenschance zu verstehen, das ist keineswegs selbstverständlich oder durch die Hormone bereits vorgegeben.

All das muß man lernen, in unzähligen Situationen, in denen man Geschlechtsgenossen oder Geschlechtsgenossinnen bei ihrem Agieren und Reagieren, untereinander und mit einem selbst beobachten und erleben kann. Wieder einmal ist es die Familie, die erste Erfahrungen anbietet:

- Hat das neugeborene Kind das Wunschgeschlecht oder nicht; ist es wieder ein ... oder ist es endlich mal ein ...?
- Wird man von den Eltern wie ein Mädchen oder wie ein Junge behandelt und hat sich entsprechend zu verhalten oder wie *die* Sabine und *der* Bastian?
- Zeigen sich Vater und Mutter gegenseitig ihre Liebe und ihren Respekt, so daß sich Sohn und Tochter auch bestätigt und „richtig" fühlen können?
- Heißt es, daß „da, wo der Junge seinen Penis hat, das Mädchen nichts hat", oder werden Scheide und Schamlippen als ebenso spannende Körperteile angesprochen wie Penis und Hoden?
- Haben Jungen *und* Mädchen von Geburt an das Glück, von Vater *und* Mutter zärtlich behandelt, bestätigt, unterstützt und rundherum als Persönlichkeit akzeptiert, beschützt und gefördert zu werden?
- Muß der Vater sich immer stark, nie schwach fühlen, alles können (falls etwas nicht klappt, sind die Verhältnisse oder andere schuld!), nie versagen? Muß die Mutter sich immer zurücknehmen, im Kleinen wirken, keinen eigenen Bereich haben, emotional für 2 (für den Vater mit!) sein und auf den Schutz des Vaters angewiesen, der dann natürlich immer stark sein muß, sich nie schwach fühlen darf und alles können muß ..., dann wirken diese Vorbilder unaufhörlich, mit einem Hauch Unentrinnbarkeit auf die Wahrnehmungen und das Empfinden der männlichen und weiblichen Kinder ein.
- Sind die Rollen und Aufgaben zwischen Vater und Mutter starr festgelegt oder entscheidet die jeweils aktuelle Lebenssituation, wer momentan für was zuständig ist, damit alles klappt und alle sich wohlfühlen? Bei letzterem wird erkannt, daß Gemeinsamkeit aus den Beiträgen der einzelnen entsteht.

Das Elternhaus ist die entscheidende Vermittlungs- und Kontrollinstanz für Männlichkeits- und Weiblichkeitsbilder. Der Familienalltag erklärt mehr als alle Worte. Hier lernt man, wie Mann und Frau sich verhalten und benehmen.
Zuerst der Kindergarten und dann die Schule sind die nächsten Stationen. Jetzt kommt neben dem Verhalten der Erwachsenen verstärkt der Einfluß der Gleichaltrigen hinzu. Und in der Gruppe werden, wird hier nicht bewußt und überzeugt gegengesteuert, alte Geschlechterordnungen eingeübt und gelernt.

Jungenarbeit nennt man neuerdings den Versuch, einem Jungen zu helfen, Junge zu sein und möglichst angstfrei zum Mann zu werden. So ganz genau, glaub' ich, weiß noch niemand, wie derartige Unterstützungsprogramme aussehen sollten. Doch, wo sie verändernd ansetzen müssen, ist klar:

❑ „Jungen sind stärker als Mädchen", „Jungen können besser kämpfen". Das Leitbild vom starken Mann ist gerade bei Kindern nahezu unangekratzt. Auch wenn sich im Bewußtsein der Männer einiges ändert, so hat sich der Wandel in ihrem Handeln noch nicht vollzogen, und ihr Vorbild wirkt unverändert. Und so ist stark sein zu müssen, alles können zu müssen und nie versagen zu dürfen, auch weiterhin das verinnerlichte Ziel der Jungen, das viel Angst machen kann. Nicht immer der Stärkste, Beste und Erfolgreichste sein zu müssen, um sich auch weiterhin dazugehörig, geliebt, akzeptiert und verstanden zu fühlen, das ist eine wichtige und entspannende Erfahrung, eine Ganzkörpererleichterung.

❑ Hier muß die neue Jungensozialisation ansetzen, denn wenn es einem männlichen Wesen trotz aller Anstrengung nicht gelingt, die Fassade vom starken, alles könnenden Mann aufrechtzuerhalten, muß er, wenn diese weiterhin wichtig bleibt und er keine Schwäche zeigen kann, versuchen, sich mit Gewalt durchzusetzen.

❑ Gegenüber Mädchen den Überlegenen zu markieren, sie zu ärgern, rücksichtslos aufzutreten, den Rock hochzuheben, an der Unterhose zu ziehen, auf den Po zu klopfen, das alles gehört zum täglichen, bereits üblichen Umgang von Jungen mit Mädchen und wird deshalb übersehen oder geduldet. Was üblich ist, ist noch lange nicht richtig oder gar erstrebenswert. Direktes Einschreiten ist eine Interventionsmöglichkeit.

❑ Noch eine weitere Erkenntnis ist vielversprechend: Die Mißachtung der Mädchen findet aufgrund fehlender Selbstachtung der Jungen statt. Die Selbstachtung der Jungen zu heben, bedeutet automatisch eine Verbesserung des Verhältnisses zu den Mädchen.

Mädchenarbeit ist bereits viel älter als Jungenarbeit und hat schon einige Wellen hinter sich,

❑ so z. B. der wegen inzwischen erkannter Erfolglosigkeit aufgegebene Versuch, Mädchen konsequent antiweiblich zu erziehen, um im Geschlechterwettbewerb besser abzuschneiden, also stark sein, auch wenn man sich schwach fühlt, „auch Indianerinnen kennen keinen Schmerz“, nur noch Autos, keine Puppen ...

❑ Auch der Versuch, das weibliche und das männliche Geschlecht erzieherisch aneinander anzugleichen (alle spielen alles, immer Jungen wie Mädchen in der Bauecke oder in der Puppenküche), kann mangels Durchführbarkeit und unzulässiger Verallgemeinerung als eingestellt bezeichnet werden.

❑ Gleichheit *und* Differenz stehen als neue Perspektive an. Jetzt gilt es zu fragen,
bei welchen Gelegenheiten Mädchen als Mädchen und Jungen als Jungen angesprochen werden sollten (z. B. bei der Vorliebe für spezielle Spiele), ob je

nach Geschlecht unterschiedliche Probleme auftauchen könnten (z. B. beim Umgang mit Aggression oder Angst),
ob ein Angebot geschlechtstypische Ansprechbarkeiten und Interessen nutzen sollte (z. B. mehr die emotionale oder mehr die sachliche Schiene, mehr praktische Einführung oder theoretische Erklärung) und
ob die unterschiedlichen Fähigkeiten beider Geschlechter gewinnbringend eingesetzt werden können, nach dem Motto „gleichwertig", aber nicht „gleichartig" (z. B. als verschiedenartige Spezialisten bei einer Teamarbeit).

❑ Fast schon in Form eines Kampfspruches ist die neue These der Mädchenarbeit zu verstehen: gegen erlernte Selbstlosigkeit hin zu mehr Selbstbewußtsein. An dieser Stelle werden Sie viele unserer bisherigen Bemühungen wiederfinden: Authentische Eigenwahrnehmung, sich schützens- und liebenswert erleben, das Recht, Nein zu sagen, Körpergefühl, Selbstwertgefühl ...

Anregungen für die Arbeit mit den Eltern

Machen Sie mit den Eltern doch mal einen kleinen Test! Teilen Sie eine Tafel in 2 Hälften und tragen Sie in die eine Hälfte all die Zurufe ein, die Sie auf den Startsatz „Frauen sind ..." bekommen, und in die andere Hälfte all die Kommentare zu „Männer sind ...". Ich verspreche Ihnen, es wird turbulent zugehen.

Nur ein paar spontane Beispiele:

Frauen sind	*Männer sind*
gefühlsbetont	ehrgeizig
treu	charmant
eifersüchtig	skrupellos

kreativ
liebevoll
zärtlich
aufgeschlossen
sprachgewandt
geschickt
bescheiden
fürsorglich
nachtragend

egoistisch
konsequent
verschlossen
cool
praktisch
selbstbewußt
geschäftstüchtig
technisch begabt
können besser rechnen

Oder spielen Sie doch mal zusammen einige Alltagsszenen durch. Wie würde ein Junge, wie ein Mädchen in dieser oder jener Situation reagieren? Und wenn alles nach Plan verläuft, prophezeie ich Ihnen, daß nach einigen Sätzen über das „typische" Verhalten der Mädchen oder das „typische" Verhalten der Jungen, plötzlich jemand sagt:
„Ja, aber halt, denkt doch mal an die Kathrin, die würde doch ganz anders reagieren!"
„Das kann ich mir bei allen vorstellen, aber nicht beim Sven und auch nicht beim Nick.

Genau darum geht es. Das individuelle Kind, zuerst einmal egal, ob es ein Mädchen oder ein Junge ist, muß crkannt und gcmäß seiner Wesensart behandelt werden. Ihm sollten – ohne Ansehen seines Geschlechts – die ganze Breite seiner Lebensäußerungen und Reaktionen ermöglicht werden. Das heißt nichts anderes, als auch einem Mädchen Reaktionen aus dem traditionell eher den Männern zugeschriebenen Verhaltensrepertoire zuzugestehen. Wie auch einen Jungen darin zu bestärken, sich in bestimmten Situationen im traditionellen Sinne weiblicher zu verhalten, um beiden dadurch zu beweisen, daß dies nicht als Bruch ihrer Verhaltensstimmigkeit erlebt werden muß, sondern als Bereicherung des Weibs- wie des Manns-Bildes.

9. Wie sag' ich es meinen Kindern? Und wie sag' ich es den Eltern meiner Kinder?

Dieses Kapitel, unser Schlußkapitel, wäre früher für das wichtigste Kapitel eines Buches zur Sexualerziehung gehalten worden. Doch inzwischen wurde die Sexualerziehung als Teil der Persönlichkeitserziehung erkannt und wird so auch als Vorbereitung auf eine Liebespartnerschaft zwischen zwei selbstbewußten Menschen verstanden. Dazu gehören – wie wir gesehen haben – vielfältige Erfahrungen, aber selbstverständlich auch die dem jeweiligen Alter entsprechende Aufklärung über die körperliche Entwicklung von Jungen und Mädchen, über körperliche Liebe, Zeugung, Schwangerschaft und Geburt.

Holen Sie selbst nochmals tief Luft, und geben Sie diesen Rat auch den Eltern: „Wir kommen nämlich zur früher so gefürchteten Aufklärung!", um dann ganz entspannt tief auszuatmen: „Denn Sie werden feststellen, daß die ehemals heiklen Themen nach unserer gemeinsamen Vorarbeit gar nicht mehr heikel sind!"

Aufklärung allgemein: Etwa um das 4. Lebensjahr, es kann aber auch früher oder um einiges später sein, beginnen die meisten Kinder in unserem Gesellschaftsbereich, Fragen über die Herkunft von Babys zu stellen. Durch diese Fragen angestoßen, beginnt die Aufklärung. Für Kinder zwar eine spannende und interessante Sache, aber sicher nicht spannender und interessanter als Neues aus dem Weltall, über Tiere, Urwald und Meer oder Sportwagen. All das, was die Themen über körperliche Liebe für uns Erwachsene spannender und interessanter macht als viele andere

Themen, ist Kindern noch fremd und fern: sexuelle Lust, Begierde, Erregung, sexuelle Anziehung, sexuelle Auslöser. Erst wir, genauer unser Wissen, unsere Empfindungen und unsere Erfahrungen machen aus diesem Thema etwas Besonderes. Heikel erscheinen nur uns die Fragen, weil wir vor unserem Gefühlshintergrund und angesichts der gespannten Kinderaugen ins Stocken kommen und in Erklärungsnöte geraten. Da ist es wichtig zu wissen, daß Fragen zum Bereich Sexualität, die von Kindergartenkindern gestellt werden, reine Interessensfragen sind und als solche verstanden und beantwortet werden sollten. Sie haben für das Kind den gleichen Stellen- und emotionalen Wert, wie „Warum können wir das Knie nach hinten abwinkeln, wenn wir laufen?“ oder „Wo geht der Orangensaft hin, wenn ich ihn schlucke?“

Kinder haben aber ein äußerst sicheres Gefühl dafür und ganz schnell höchste Aufmerksamkeit aktiviert, wie wir Großen mit ihren Fragen umgehen und wie unsere Antworten ausfallen: ruhig und sachlich, zugewandt wie immer, eher beflissen, geschäftlich, leicht erschreckt, deutlich peinlich berührt, womöglich ausweichend oder gar ablehnend. Antworten wir so, daß wir bei den berühmten Bienen und den Blumen starten und irgendwie nie bei der Liebe zwischen einem Mann und einer Frau ankommen? Oder mit einem leichten Vorwurf oder mit einem Ausweichversuch, man wäre für diese Frage oder zumindest für die Antwort darauf noch zu klein. Je nachdem kann beim fragenden Kind tatsächlich der Verdacht aufkommen, daß an der erfragten Sache doch etwas Komisches dran ist. Übermäßige Neugierde, Verwirrung, mitunter sogar etwas Angst oder gar ein schlechtes Gewissen können die Folge sein.

Bleiben wir doch kurz bei der Antwort: noch zu klein! In den meisten Fällen wird dies eine Ausrede sein,

- da die befragten Erwachsenen im Moment noch nicht wissen, wie die richtige Antwort aussehen sollte;
- weil sie sich auf diese Fragen von einem Kind noch nicht vorbereitet fühlen;
- sich vielleicht selbst noch keine großen Gedanken dazu gemacht haben;
- oder noch überlegen müssen, wie sie es am besten erklären sollen, weil mit ihnen im Kindesalter eben niemand über diese wichtigen und spannenden Dinge gesprochen hat.

Immer, wenn ein Kind nach einer Antwort sucht, ist es alt genug, diese Frage zu stellen. Völlig egal, wonach gefragt wird. Das Kind hat das Recht auf eine Antwort, und zwar auf eine Antwort, die es auch verstehen kann. Es gibt keine dummen oder gar bösen Fragen.

Gerade das Vor- und Grundschulalter sind geeignet, auf Fragen der Kinder hin biologische Zusammenhänge möglichst einfach zu erklären. Wichtigste Voraussetzungen:

1. der Erklärungsrahmen der Erwachsenen orientiert sich am Rahmen der kindlichen Fragen, denn dann ist mit Verstehen und Verkraften zu rechnen; und
2. die Sexualität wird im Rahmen der Fragen als *ein* Teil einer gegenseitigen Liebespartnerschaft beschrieben, wozu aber z. B. auch gehört, dem Partner oder der Partnerin eine Freude zu machen, ihm/ihr zu helfen, ihn/sie vor Kummer zu bewahren, Gemeinsamkeit zu erleben, ein Ziel zu haben, eigene Wünsche aus Rücksicht zurückzustellen …

Fragen zur körperlichen Entwicklung von Jungen und Mädchen: Hierbei interessiert Kindergartenkinder, wie Kinder ihres Geschlechts und die des anderen Geschlechts sich entwickeln. Bald, bereits mit 2 oder 3 Jahren, haben sie untereinander den sichtbaren Unterschied unterhalb des Bauchnabels bemerkt. Einzelheiten sind noch völlig uninteressant, wichtig ist, daß alles in Ordnung ist und das eigene Geschlecht genauso toll wie das andere ist! Ganz wichtig für das kindliche Selbstbewußtsein: Mädchen und Jungen werden schon mit allem geboren, was sie später körperlich zum Leben als Frau oder als Mann brauchen werden. Alles muß nur noch ausreifen und wachsen, um dann seine einzelnen wichtigen Aufgaben übernehmen zu können.

Mädchen sind stolz auf ihre Schamspalte mit der Scheide, wenn man ihnen erklärt, daß dies ein Schlitz ist, der wenig zeigt und viel versteckt. Manche Kinder wollen genau wissen, wie alles heißt: Die Schamspalte, die großen und kleinen Schamlippen, der Kitzler, die Öffnung der Harnröhre, aus der Harn beim Pinkeln kommt. Und die Scheidenöffnung, bei kleinen Mädchen verengt durch das Jungfernhäutchen. Von außen betrachtet, wirkt alles ganz unscheinbar, aber hier passieren wahre Wunder. Wird ein Mädchen älter und wächst zur Frau heran, wächst auch die Scheide mit und vor allem der Busen, so daß man endlich auch bei der Frau von außen etwas Beeindruckendes sieht. Im Körperinnern bereitet sich alles darauf vor, daß die Frau einmal ein Kind bekommen kann.
Für das weibliche Geschlechtsorgan gibt es viele Namen, die unterschiedlich klingen, mal ganz sachlich wie eben Scheide oder Vagina, in vielen Familien sagt man Möschen, Muschi dazu oder bei ganz kleinen Mädchen z. B. Pfläumchen, Kätzchen oder Döschen. Mitunter auch Loch oder Votze, doch diese beiden Begriffe klingen nicht besonders schön, auch nicht in Kinderohren. Sie haben ein recht feines Gespür für Abwertendes oder Abschätziges.

Beim *Jungen* sieht man ein Stückchen unter dem Bauchnabel seine Geschlechtsorgane: das Glied und den Hodensack mit den 2 Hoden drin. Auch für das männliche Glied gibt es viele Namen. Wissenschaftlich wird es Penis genannt. Pimmel, Schwanz, Dödel, Nudel oder Schniedelwutz, alles bedeutet dasselbe. Für die Hoden wird oft auch die Bezeichnung „Eier" verwendet. Wird ein Junge zum Mann, vergrößern sich Glied und Hoden. Das Glied besteht aus dem Schaft und seinem etwas verdickten vorderen Ende, das Eichel genannt wird. Hier tritt beim Pinkeln der Harn aus. Auch im Körper des Jungen bereitet sich in der Pubertät vieles darauf vor, daß er einmal mit einer Frau zusammen ein Kind bekommen kann.

Körperliche Liebe und Zeugung: Zwischen der Frage „Wo kommen die Babys her?" Antwort: „Aus Mamas Bauch!" und der nur uns dann recht naheliegenden Frage: „Und wie kommen sie da rein?" können bei Kindern Jahre liegen. Viel schneller kann es zu der kindtypischen Frage kommen „Wo war ich denn, bevor ich in Mamas Bauch war? Wo war ich denn, als ihr damals zu zweit Neuseeland durchwandert habt; ich sehe mich auf keinem Bild?" Noch nicht auf der Welt, noch im Himmel bei den Engeln, im Kindermeer, als viele kleine Goldfädchen in unseren Gedanken und Wünschen, in Abrahams Wurstkessel, als ein bißchen bei Mama und ein bißchen bei Papa, auf einer Wolke und hast nach uns Ausschau gehalten... Hier sollte man jeweils an der eigenen Weltanschauung orientiert antworten.
Irgendwann sieht aber jedes Kind ein Paar miteinander Liebe machen oder bekommt eine Schwangerschaft mit und beginnt nun der ganzen Sache auf die Spur zu gehen. Was machen die beiden? Warum? Wie ist die Frau schwanger geworden? Warum kommt da nachher ein Baby raus?

Es geht um körperliche Liebe, und diese, die Liebe nämlich, sollte im Vordergrund stehen, wenn Kindern der Zusammenhang in groben Zügen dargestellt werden soll. Auf diese Liebe beziehen sie nämlich ihre Herkunft; ein schönes, Sicherheit gebendes Gefühl! Und nun gilt es noch, dies alles in Kinderworte zu fassen: Zwei Menschen, ein Mann und eine Frau, sind unheimlich gerne zusammen, haben Sehnsucht nacheinander, verbringen viel Zeit gemeinsam, wollen einander immer wieder eine Freude machen und schmusen und schmusen. Wenn sie so oft beieinander sein wollen, dann wollen sie sich auch spüren, haben Lust auf viel körperliche Nähe. Am liebsten umarmen sie sich nackt. Sie küssen und sie streicheln sich überall am ganzen Körper und sagen sich die wunderschönsten Dinge. Das macht ihnen unheimlich Spaß. Und manchmal bekommen sie dann noch mehr Lust aufeinander. Der Penis wird vor Erregung ganz groß und steif, und in der Scheide der Frau prickelt es wie in einem Sektglas. Wenn beide es wollen und gut finden, steckt der Mann sein steifes Glied in die feuchte Scheide der Frau. Für zwei, die sich vertraut sind und sich lieben, eine wunderbare Form der Liebkosung. An ganz besonderen Tagen können dabei in der Scheide eine Samenzelle des Mannes und eine Eizelle der Frau aufeinandertreffen und miteinander verschmelzen. Das ist der Start für ein neues Leben. Aus zwei klitzekleinen Stücken, je eines von Mama und Papa, wächst im Bauch der Mama gut versorgt ein Baby heran.
Das klingt ja alles so unglaublich und gleichzeitig so spannend, daß man sich nicht zu wundern braucht, wenn die – wohl jeden etwas komisch berührende – Frage aufkommt: „Dürfen wir das nächste Mal bitte, bitte zusehen, wenn ihr miteinander schlaft?" Jetzt darf man, muß man ehrlich sein: „O nein, das machen zwei, die sich lieben ganz allein. Jeder Zuschauer

würde stören, und keiner hätte mehr Lust. Wenn ihr mit euren Freunden zum Geheimtreffen ins Baumhaus geht, wollt ihr auch nicht, daß einer von uns Großen zuschaut oder zuhört oder sich gar dazusetzt. Oder wenn ihr im Sommer allein im Garten zelten dürft, fändet ihr es auch doof, wenn Papa und ich dabeisein wollten!" Und das wird verstanden!

Das Wunder der Entstehung eines Menschenkindes sollte nur geschehen, wenn der Wunsch nach einem Kind da ist und außerdem ganz groß ist. Wenn zwei Menschen sich so sehr lieben, daß sie zusammenbleiben wollen, dann werden sie sich auch meist irgendwann ein Kind oder sogar mehrere Kinder wünschen. Doch eben irgendwann mal in der Zukunft, nicht sofort und auch nicht jedes Mal, wenn sie sich lieben. Für jedes Kind braucht man viel Liebe und Zeit. Deshalb passen Männer und Frauen auf, daß sich beim Miteinander-Schlafen Samenzelle und Eizelle nicht treffen können, wenn sie noch kein Kind oder kein weiteres mehr wollen. Dann zieht der Mann ein ganz dünnes Gummihütchen (Kondom) über seinen steifen Penis. Oder die Frau nimmt die Pille, eine Medizin, die verhindert, daß im Bauch Eizellen heranreifen.

Schwangerschaft und Geburt: Das Baby wächst und wächst, bis es etwa 50 cm lang ist. Da das Kind immer größer wird, muß auch der Bauch der Mutter immer größer werden. Das Baby schwimmt in einer wasserähnlichen Flüssigkeit, umgeben von der Fruchtblase, drum herum die Gebärmutter. In diesem „Wasserbett" ist es gut gepolstert und geschützt. Mama stellt genau das richtige Essen und Trinken bereit, daß es dem Baby gut geht und es gedeiht.

Schon jetzt, noch im Bauch und ganz klein, wird das Baby geliebt, und die Eltern können dem Baby zeigen, daß sie es sehnlichst erwarten. Sie sprechen mit

ihm und streicheln es durch Mamas Bauch hindurch. Alles wird auf seine Ankunft vorbereitet.
Zuhause oder im Krankenhaus kommt das Baby auf die Welt. Mit Mamas kräftiger Unterstützung kommt es mit dem Köpfchen voraus durch die Scheide heraus. Das glaubt man kaum, aber die kann sich unwahrscheinlich stark dehnen und tatsächlich zuerst den Kopf und dann den Rest des Kindes hindurchlassen. Das alles geht nicht schnell und tut auch weh. Es können Stunden von den ersten Wehen bis zur Geburt des Kindes vergehen. Aber dann ist das Kind da, nach einer richtigen Heldentat, unverletzt und meist sogar recht munter. Und die Freude ist unbeschreiblich. Und alle Schmerzen sind vergessen. Jetzt sind die Eltern aber stolz! Sie haben ein Kind, was gibt es Schöneres?

Das Ergebnis einer Liebe zu sein, das ist eine Erfahrung, die ein Kind während der gesamten Sexualerziehung machen sollte, auf jeder der vielen Etappen, die wir nun gemeinsam hinter uns gebracht haben. Ich kann nur hoffen, daß es mir gelungen ist, Angst und Unsicherheit vor einem Thema zu nehmen, dessen „Behandlung“ nicht nur den uns anvertrauten Kindern gut tut!